THÉOPHILE GAUTIER,
CONTEUR FANTASTIQUE ET MERVEILLEUX
FM17

Copyright © Peter Whyte 1996

The right of Peter Whyte to be identified as the author of this work has been asserted by him in accordance with the Copyright, Designs and Patents Act 1988.

Published by Manchester University Press
Oxford Road, Manchester M13 9NR, UK
and Room 400, 175 Fifth Avenue, New York, NY 10010, USA
www.manchesteruniversitypress.co.uk

Distributed exclusively in the USA by
Palgrave, 175 Fifth Avenue, New York NY 10010, USA

Distributed exclusively in Canada by
UBC Press, University of British Columbia, 2029 West Mall, Vancouver, BC, Canada V6T 1Z2

British Library Cataloguing-in-Publication Data
A catalogue record for this book is available from the British Library

Library of Congress Cataloging-in-Publication Data
A catalog record for this book is available from the Library of Congress

ISBN 978 0 7190 8589 5 *paperback*

First published 1996 by Durham Modern Languages Series

This edition first published 2011 by Manchester University Press

Printed by Lightning Source

Peter Whyte

THÉOPHILE GAUTIER, CONTEUR FANTASTIQUE ET MERVEILLEUX

Durham Modern Languages Series

UNIVERSITY OF DURHAM 1996

AVERTISSEMENT

Le présent ouvrage n'aurait pas vu le jour sans le soutien moral et financier que m'a accordé l'Université de Durham, G.-B., à laquelle je tiens à exprimer toute ma reconnaissance. Ma reconnaissance va aussi aux nombreux bibliothécaires et archivistes (de la Bibliothèque Nationale, de la Bibliothèque de l'Arsenal, de la Bibliothèque de l'Institut, et du service de prêt inter-universitaire de l'Université de Durham) sans lesquels je n'aurais pu mener à bien mon projet de recherche. Je voudrais en particulier m'acquitter ici, trop tardivement hélas!, de la dette que j'ai contractée au cours des années envers le regretté Jacques Suffel (Conservateur-adjoint de la Bibliothèque Spoelberch de Lovenjoul à Chantilly jusqu'au moment du transfert de cette collection indispensable à Paris), qui m'a initié à l'étude des manuscrits et a mis à ma disposition son érudition immense.

J'offre aussi tous mes remerciements à mes collègues Anne-Marie Armstrong (Durham) et Harry Cockerham (Royal Holloway), qui ont bien voulu lire mon texte et m'ont fait profiter de leurs conseils judicieux.

Qu'il me soit permis enfin de remercier David Hillery et Janet Starkey de la Durham Modern Languages Series, qui ont tout fait pour faciliter la publication de cette étude.

P.J.W.

NOTE SUR LES ÉDITIONS UTILISÉES

Sur les vingt-quatre textes dont nous traitons dans cette étude, treize se trouvent dans la belle édition de *L'Œuvre fantastique* de Gautier procurée par Michel Crouzet (Bordas, 'Classiques Garnier', 2 vol., 1992), à laquelle nous renvoyons. Pour les autres récits, nous nous référons, pour la commodité du lecteur, aux éditions les plus accessibles: *Les Jeunes-France, romans goguenards, suivis de contes humoristiques* (Charpentier, 1873); *La Peau de tigre* (Michel Lévy, 1866); *Romans et contes* (Charpentier, 1891; Champion-Slatkine, 1979); *Nouvelles* (Charpentier, 1889; Champion-Slatkine, 1979); *Mademoiselle Dafné* (Petite Bibliothèque-Charpentier, 1881; Genève, Droz, 'Textes littéraires français', 1984); *Le Roman de la momie, précédé de trois contes antiques* (Classiques Garnier, 1955). Pour *Spirite*, nous renvoyons à la fois à *L'Œuvre fantastique*, t. II, et à *Spirite, nouvelle fantastique* (Charpentier, 1866; Champion-Slatkine, 1978). Nous reproduisons nous-même, au chapitre I, un texte d'attribution incertaine, devenu introuvable.

Tous ces textes, à l'exception du dernier, se trouveront dans l'édition des *Œuvres narratives* de Théophile Gautier (Gallimard, 'Bibliothèque de la Pléiade', 2 vol. [*sous presse*]), à laquelle nous avons collaboré.

Les nombreuses éditions en format de poche, ainsi que quelques éditions scolaires des contes fantastiques de Gautier et certaines autres éditions, auxquelles nous avons eu recours, sont citées dans notre Bibliographie.

ABRÉVIATIONS

BSTG	*Bulletin de la Société Théophile Gautier* (Montpellier, 1979-)
CG I–IX	Théophile Gautier, *Correspondance générale* (Genève, Droz, 1985–) (neuf volumes parus jusqu'en 1995, pour les années 1818–1867)
HAD I–VI	Théophile Gautier, *Histoire de l'art dramatique en France depuis vingt-cinq ans* (Leipzig, Hetzel, 6 vol., 1858–1859) (Genève, Slatkine Reprints, 6 vol., 1968)
HOTG I–II	Vicomte Charles de Spoelberch de Lovenjoul, *Histoire des Œuvres de Théophile Gautier* (1887) (Genève, Slatkine Reprints, 2 vol., 1968)
JF	Théophile Gautier, *Les Jeunes-France, romans goguenards, suivis de contes humoristiques* (Bibliothèque-Charpentier, 1873)
LOV	Collection Lovenjoul, Paris, Bibliothèque de l'Institut
MD	Théophile Gautier, *Mademoiselle Dafné* (Petite Bibliothèque-Charpentier, 1881)
MD (TLF)	Théophile Gautier, *Mademoiselle Dafné* (éd. Marc Eigeldinger) (Genève, Droz, 'Textes littéraires français', 324, 1984)
N	Théophile Gautier, *Nouvelles* (Genève, Champion-Slatkine, 'Ressources', 1979 [réimpression de l'édition Charpentier de 1889]). Présentation de Claudine Lacoste
OF I–II	Théophile Gautier, *L'Œuvre fantastique* (éd. Michel Crouzet) (Bordas, 'Classiques Garnier', 2 vol., 1992)
PT	Théophile Gautier, *La Peau de tigre* (Michel Lévy frères, 1866)
RC	Théophile Gautier, *Romans et contes* (Genève, Champion-Slatkine, 'Ressources', 1979 [réimpression de l'édition Charpentier de 1891]). Présentation d'Anne Bouchard
RHLF	*Revue d'histoire littéraire de la France*
RLC	*Revue de littérature comparée*

RoM	Théophile Gautier, *Le Roman de la momie, précédé de trois contes antiques* (éd. A. Boschot) (Classiques Garnier, 1955)
Sp	*Spirite, nouvelle fantastique* (Genève, Champion-Slatkine, 'Ressources', 1978 [réimpression de l'édition Charpentier de 1866]). Présentation de Pierre Laubriet

I
Le fantastique selon Théophile Gautier

La critique moderne pose une distinction très nette entre le *fantastique*, genre à la mode en France vers 1830, et le *merveilleux* ou le *féerique*, catégories esthétiques traditionnelles. Roger Caillois considère que 'Le féerique est un univers merveilleux qui s'oppose au monde réel sans en détruire la cohérence', tandis que 'Le fantastique, au contraire, manifeste un scandale, une déchirure, une irruption insolite, presque insupportable, dans le monde réel'.[1] Cette définition se rapproche de celle de P.-G. Castex, pour qui le fantastique se caractérise par 'une incursion brutale du mystère dans le cadre de la vie réelle',[2] là où le merveilleux féerique évoque 'un dépaysement dans le temps et l'espace', nous transporte 'dans un passé vague, dans un lieu indéterminé' et 'crée une distance avec la vie réelle'.[3] De l'avis de Caillois, le fantastique procure au lecteur bien autre chose qu'un dépaysement agréable, car 'Le fantastique suppose la solidité du monde réel, mais c'est pour mieux la ravager'.[4] Le conte fantastique se rapprocherait alors du récit de terreur, comme dans la définition de Louis Vax, qui, partant de la notion de l'*unheimlich*, cette 'inquiétante étrangeté' que Freud discernait dans les récits d'Hoffmann, prétend que le fantastique relève d'une émotion négative, car:

> La rupture d'une constance du monde rassurant [...] ne suffit pas pour que ce monde paraisse fantastique; il faut que cette rupture entraîne une menace, et pour l'univers et pour nous.[5]

Reprenant de telles définitions à son compte, Jean Pierrot met l'accent sur l'ambiguïté du texte fantastique, partagé entre le non-référentiel ('car il raconte des événements incroyables et suppose une foi dans le surnaturel absente de la conscience du lecteur moderne') et le référentiel ('parce qu'il donne à ces événements l'apparence de la vraisemblance'). En revanche, le texte merveilleux, 'placé sur le plan de l'imaginaire', ne participe pas de cette ambiguïté et exclut la possibilité de toute lecture référentielle.[6] La taxonomie du fantastique élaborée par Tzvetan Todorov insistait déjà sur 'l'hésitation du lecteur' comme la première condition du fantastique.[7] L'on pourrait prétendre, sans doute, que tous les théoriciens et les historiens qui se sont penchés sur la question au cours des vingt dernières années (parmi lesquels on compte Bessière [1974], Baronian [1978], Finné [1980], Milner [1982], Ponnau [1987], Steinmetz [1990], Fabre [1992], Grivel [1992], Gollut [1993] et Lysøe [1993]) n'ont fait qu'approfondir et raffiner ces distinctions capitales, souvent en apportant à leurs travaux les acquis de la psychanalyse ou du structuralisme.

De telles distinctions apparaissent d'ailleurs dès la seconde moitié du dix-neuvième siècle. Ernest Hello, lui-même auteur de récits fantastiques, chercha en 1858 à cerner la pratique du fantastique et du merveilleux chez les écrivains français, depuis l'époque des premières traductions d'Hoffmann, vers 1830, jusqu'à celle des traductions d'Edgar Poe, dans les années 1840 et 1850. À ses yeux, le fantastique est 'puisé dans la nature même des choses', mais le merveilleux 'est une des ficelles dont les arts poétiques contiennent la recette'. Le fantastique s'oppose ainsi au féerique:

> Le monde fantastique n'est pas un monde différent du nôtre; c'est le monde visible éclairé par le monde invisible; le voile est levé, voilà tout. La féerie au contraire, au lieu de nous montrer sous forme symbolique un être idéal, fait passer devant nos yeux une série capricieuse d'êtres purement imaginaires.[8]

Il est vrai qu'à l'époque où Gautier commence à se faire conteur fantastique, la terminologie est plus floue. Jean-Jacques Ampère, par exemple, qui emploie volontiers le terme *fantastique* pour désigner le *Kunstmärchen* allemand, applique à la manière littéraire d'Hoffmann le terme de 'merveilleux naturel', pour désigner la façon dont 'le bizarre et le terrible' sortent d'événements qui 'ressemblent à ceux de tous les jours'.[9] C'est à la suite de la publication chez Renduel en 1829 des quatre premiers volumes des *Contes fantastiques* d'Hoffmann[10] que se développe l'engouement général pour le récit fantastique, et c'est de la lecture d'Hoffmann, ainsi que de quelques autres fantastiqueurs, surtout allemands et anglo-saxons, vers 1830, que date l'enthousiasme de Gautier pour ce genre de bref conte en prose qu'il pratiquera pendant trente-cinq ans.

À la différence de Scott, dont l'essai *Du merveilleux dans le roman* parut dans la *Revue de Paris* en 1829,[11] ou de Nodier, qui fit publier ses petits traités *Du fantastique en littérature* et *De quelques phénomènes du sommeil* dans la même revue en 1830 et en 1831,[12] Gautier n'élabora jamais de façon systématique une théorie du fantastique, bien qu'on puisse reconstruire les grandes lignes d'une telle théorie en s'appuyant sur ses observations sur Hoffmann, Arnim et Poe, ainsi que sur de nombreuses remarques qui parsèment ses articles de presse et ses feuilletons.

Dans un article écrit aux environs de 1830 et non édité du vivant de Gautier, il salue 'Hoffmann le fantastiqueur' et met en valeur la structure de ses récits, qui dépeignent à la fois 'la vie extérieure réelle, reproduite jusque dans ses détails les plus familiers' et 'la vie intérieure et imaginative, les malaises d'âme et les découragements amers, des visions et des rêves horribles et gracieux, des figures grimaçantes et bizarres, des ricanements diaboliques' (*HOTG* I, 12). Ce dualisme fondamental structure les premiers contes fantastiques de Gautier lui-même (*La Cafetière, Omphale, La Morte amoureuse*), où il fait intervenir dans un décor réaliste des phénomènes psychologiques inexplicables. Dans l'article qu'il consacra à la traduction des *Contes fantastiques* d'Hoffmann par Henry Egmont dans la *Chronique de Paris* du 14 août 1836, il revient à la même idée, faisant remarquer que la durée du succès d'Hoffmann en France s'explique par 'le sentiment vif et vrai de la nature qui éclate à un si haut degré dans ses compositions les moins explicables', par sa capacité à 'saisir la physionomie des choses et à donner les apparences de la réalité aux créations les plus invraisemblables',[13] et par 'cette réalité dans le fantastique, jointe à une rapidité de narration et à un intérêt habilement soutenu [...]'.[14] Recourant au terme *merveilleux*, Gautier explique que 'le merveilleux d'Hoffmann n'est pas le merveilleux des contes de fées; il a toujours un pied dans le monde réel, [...]' et, passant en revue les thèmes principaux de son œuvre, il semble annoncer ceux de ses propres récits des années 1840 et 1850:

> Les sympathies et les antipathies occultes, les folies singulières, les visions, le magnétisme, les influences mystérieuses et malignes d'un principe qu'il ne désigne que vaguement, voilà les éléments surnaturels

ou extraordinaires qu'emploie habituellement Hoffmann. C'est le positif et le plausible du fantastique; [...].[15]

C'est ainsi qu'il en est venu à créer un univers romanesque bien différent du vaporeux monde onirique d'un Novalis, car '[...] il faut dans la fantaisie la plus folle et la plus déréglée une apparence de raison, [...]'.[16]

Gautier ira jusqu'à dire en 1851, dans son compte rendu des *Contes d'Hoffmann*, drame fantastique de Barbier et Carré, qu'Hoffmann n'était nullement un 'poète fantastique' mais bien ' un réaliste violent', comme en témoigne la solidité et la clarté de sa technique narrative, et que le fantastique plus désordonné d'Arnim, de Brentano, de Jean-Paul et de Chamisso est plus difficile à assimiler au goût français (*HAD* VI, 230–233). Sa passion pour le conteur berlinois est toujours aussi forte qu'en 1830:

> En lisant ses Contes, il semble qu'on se souvienne d'une foule de choses oubliées, et dont la mémoire se réveille à mesure qu'on tourne les pages. Les personnages ont quelque chose de *déjà vu*, qui vous trouble profondément, des voix *connues* murmurent à votre oreille; vous trouvez comme l'impression d'un rêve à travers la veille, et la lecture évoque en vous une foule d'images qui se succèdent et s'évanouissent comme des ombres légères, mais qui semblent sortir de votre propre cœur. (230)

On constate que ces remarques précèdent le renouvellement de la manière fantastique de Gautier dans les années 1850, avec *Arria Marcella*, *Avatar*, *Jettatura* et *Le Roman de la momie*, où il renoncera à l'ironie qui avait dominé sa production fantastique autour de 1840.

Le fantastique est à prendre au sérieux. Quand on le réduit à l'état de jeu littéraire, en recourant au *surnaturel expliqué* à la manière de Mrs Radcliffe, il perd toute sa valeur. Gautier avait reproché à Scribe en 1848 d'avoir ainsi dégradé la valeur poétique de la superstition allemande qu'il avait choisie comme point de départ dans *La Nuit de Noël*:

> M. Scribe est trop spirituellement voltairien pour se laisser aller à ces effets de clair de lune allemande, et le fantastique, avec lui, finit toujours par s'expliquer de la façon la plus naturelle et la plus prosaïque.

Ce n'est jamais ainsi que procèdent les maîtres du genre: Cazotte, Lewis, Arnheim (*sic*), Clément Brentano, Maturin, Lamothe-Fouqué, Gozzi, ni les grands poëtes inconnus des légendes. (*HAD* V, 232–233)

Gautier fera remarquer en 1856, dans l'*Introduction* qu'il rédige pour la traduction des *Contes bizarres* d'Arnim par Gautier *fils*:

> Ce qui caractérise surtout Achim d'Arnim, c'est son entière bonne foi, sa conviction profonde; il raconte ses hallucinations comme des faits certains: aucun sourire moqueur ne vient vous mettre en garde, et les choses les plus incroyables sont dites d'un style simple, [...]; il n'a pas la manie si commune aux Français d'expliquer son fantastique par quelque supercherie ou tour de passe-passe: chez lui le spectre est bien un spectre et non pas un drap au bout d'une perche.[17]

Gautier reconnaît qu'Arnim n'a pas 'cette netteté à la Callot d'Hoffmann', et qu'il procède plutôt 'à la manière de Goya',[18] et remarque que 'Dès que vous avez mis le pied au seuil de ce monde mystérieux, vous êtes saisi d'un singulier malaise, d'un frisson de terreur involontaire, car vous ne savez si vous avez à faire à des hommes ou à des spectres.'[19]

En rendant compte, dans *La Presse* du 22 décembre 1851, du *Vampire*, drame fantastique de Dumas et de Macquet, Gautier constatait:

> Nous croyons qu'on n'analyse pas le fantastique. Il ne tient que par une forte cohésion d'événemens.
> L'action a le tort de ne pas suivre l'esthétique du genre. Là où elle aurait dû se préciser et se resserrer, elle se dénoue et s'éparpille. [...]. Le fantastique n'est pas la fantaisie, avec quoi on le confond.

On comprendra alors pourquoi Gautier porte une si vive admiration à Poe, non seulement comme créateur de belles femmes éthérées 'comme les Ligeia, les Morella, les Una, les Eleonor'[20] mais encore comme créateur de 'ces mystérieuses histoires si mathématiquement fantastiques'.[21] Le fantastique de Poe est 'fait par des procédés d'algèbre et entremêlé de science'.[22] Gautier avait tôt compris que le merveilleux s'explique quelquefois par le progrès scientifique; dès 1838 il déclarait:

> Le magnétisme animal est un fait désormais acquis à la science [...]. Nous ne voyons rien là de plus merveilleux que tout ce qui nous environne; nous sommes entourés de merveilles, de prodiges, de mystères auxquels nous ne comprenons rien et qui nous semblent tout simples par l'habitude; en nous-mêmes gravitent des mondes ténébreux dont nous n'avons pas conscience ; l'infini et l'inconnu nous pressent et nous obsèdent, [...]. Le magnétisme nous paraît la chose du monde la plus simple; et s'il n'est pas accepté depuis longtemps, c'est que son utilité n'est pas encore bien déterminée, et que ses apparences fantastiques et singulières effrayent beaucoup de gens pour qui l'inconnu est la chose la plus terrible.[23]

Pour lui, le fantastique ne se laisse pas enfermer dans un seul genre littéraire (récit, drame, vaudeville) mais concerne de façon générale la représentation de ce qui semble être irreprésentable. C'est la phénoménologie de l'imaginaire qui l'intéresse, et la manière dont l'ordinaire peut déclencher la rêverie. En assistant en 1867 au démaillotage de la momie qu'on effectua à l'Exposition Universelle devant une assemblée de savants et de littéraires, il ne put s'empêcher de réfléchir, confronté à la bizarrerie macabre de l'événement, que 'Hoffmann ou Poë auraient pu trouver là le point de départ de leurs contes terribles'.[24]

Les récits de Gautier, que l'on qualifie d'habitude de 'fantastiques', se regroupent sous la double égide du *fantastique* et du *merveilleux* au sens où nous entendons maintenant ces termes. Il connaissait d'ailleurs à fond la littérature fantastique et merveilleuse française, depuis Perrault et Cazotte jusqu'à Nodier, au Balzac des *Études philosophiques*, et aux productions de ses contemporains. Il semble aussi qu'il ait pris connaissance de la quasi-totalité des écrits fantastiques des grands et des petits maîtres étrangers. En dehors des nombreux auteurs dont les noms sont évoqués dans les citations dont nous avons fait état, on retrouve sous sa plume d'autres références au *roman noir* anglais, à la littérature anglo-saxonne (depuis De Quincey jusqu'à Hawthorne), aux romantiques allemands (Bürger, Creuzer, Tieck, les frères Grimm, Lenau, Heine), ainsi qu'à leurs ennemis comme Platen, aux contes arabes, aux contes chinois, à l'*Edda* et aux contes de fées du monde entier. Il connaissait d'autres encore, tels MacNish et Washington Irving, sans qu'il ait jamais cité leur nom. Il devait exploiter ces lectures immenses pour créer une œuvre fantastique originale, dont la force imaginative et la consistance thématique impriment aux motifs récurrents un caractère fantasmatique. Là où il emprunte aux autres, il transcende ses modèles, pour créer un univers imaginaire qui puisse satisfaire des désirs refoulés et surmonter des angoisses.

II
Grotesque, sublime et ironie romantique (1830-1836)

Cauchemar d'un mangeur (1830)

Selon une tradition conservée dans la famille de Gautier et rapportée par Lovenjoul (*HOTG* I, 8), l'écrivain aurait publié son premier récit en prose dans *Le Gastronome,* petite revue éphémère de 1830-1831. Les articles de ce 'journal universel du goût, rédigé par une société d'hommes de bouche et d'hommes de lettres', pour reprendre le sous-titre de la revue bihebdomadaire, n'étaient pas signés et posent donc des problèmes d'attribution le plus souvent insolubles. Lovenjoul, qui ne semble pas avoir soulevé la question avec Gautier lors de leur unique entrevue en 1871, et qui ne disposait d'aucune preuve externe, dut sans doute se fier à une simple intuition en attribuant à l'écrivain un seul récit, *Un Repas au désert de l'Égypte,* paru le jeudi 24 mars 1831 (N° 106, 3-5) et qu'il reproduisit uniquement 'sous bénéfice d'inventaire' (*HOTG* I, 8-11). Ce texte, nullement fantastique et imprégné d'humour macabre, raconte comment un voyageur français, égaré dans les ruines de Thèbes, dîne avec des Bédouins d'un filet de gazelle et apprend par la suite que ce morceau de viande a été grillé sur un feu où brûlait une momie. En 1961, Jean Richer proposa la restitution à Gautier d'un autre texte du *Gastronome,* longtemps attribué à Gérard de Nerval, *Cauchemar d'un mangeur,* qui y parut le dimanche 22 mai 1831 (N° 134, 5-6),[1] en signalant la parenté de ce bref récit et de certains éléments du premier conte publié par Gautier sous sa propre signature, *La Cafetière,* qui parut aussi en mai 1831. Ayant découvert nous-même que *Cauchemar d'un mangeur* était moitié plagié, moitié brodé sur un récit de Washington Irving, traduit dans ses *Contes d'un voyageur* en 1825, recueil dont Gautier s'était visiblement inspiré dans *La Cafetière,* nous avons soutenu l'hypothèse de Richer en 1964.[2] Une source commune des deux récits, chez Irving, ne constitue pas, bien entendu, une preuve absolue de la paternité littéraire de *Cauchemar d'un mangeur,* et Marie-Claude Schapira, qui proposa en 1968 d'attribuer à Gautier encore trois contes exotiques du *Gastronome*, en s'appuyant sur la critique interne, resta sceptique à l'égard de cette plate imitation du conteur américain.[3] Marie-Claude Amblard, se penchant sur le même problème en 1972, mit en évidence les relations constantes entre Gautier et Nerval à cette époque, ainsi que leurs lectures et leurs intérêts communs, sans pour autant vouloir restituer le récit à celui-ci.[4] Nous persistons néanmoins à penser que la parenté d'inspiration de *Cauchemar d'un mangeur* et de *La Cafetière*, en ce qui concerne le thème de la vie fantastique des objets, rend l'attribution du premier à Gautier au moins vraisemblable. Il est vrai que *Cauchemar d'un mangeur* n'est pas le seul texte du *Gastronome* à traiter de rêves gastronomiques bizarres (*Rêve qui n'en est pas un* (12 décembre 1830, N° 77, 3–4) et *Rêve d'un gourmand* (4 août 1831, N° 144, 5–6) appartiennent au même genre), et que d'autres collaborateurs de la revue partagent le même sens du comique, mais le mélange de fantaisie et d'ironie et le style pittoresque de cette transposition humoristique d'un épisode tiré d'Irving, nous semblent caractéristiques de la manière du jeune Gautier. Nous reproduisons en entier ce texte devenu introuvable,[5] en respectant l'orthographe originale:

Cauchemar d'un mangeur

On ne croit plus aux histoires de revenans, et on a bien tort. Les époques de crise et de révolution sont ordinairement celles que ces messieurs choisissent pour remettre en question les plus simples idées du rationalisme et de l'incrédulité philosophique. Je veux vous citer un exemple étrange de terreur phénoménale et de digestion troublée, un véritable type d'aventures à caverne et de dîners malsonnans d'auberge. On peut croire à mon conte, je le tiens d'un Périgourdin.

Invité à une partie de chasse dans un vieux château près de Limoges, et naturellement peureux, il avait commencé par raffermir sa conscience de gentilhomme et son caractère de fier-à-bras contre les incidens nocturnes, au moyen d'une séance infiniment prolongée devant la table séculaire de son hôte, après quoi il s'était couché, un peu lourd, mais fort intrépide. Il avait du cœur au ventre.

Pour la vérité de la chronique, nous devons dire que sa situation était très-délicate et prêtait merveilleusement aux pressentimens les plus sombres. *Il recevait pour gîte une chambre où un Chouan était mort de ses blessures; vous concevez quel champ ouvert à une craintive imagination! Aussi, notre Périgourdin craignit beaucoup en mettant son bonnet de nuit. Les murs étaient d'un gris repoussant; des portraits noircis par la fumée en décoraient de façon sinistre les tapisseries de l'alcôve. On y voyait un lit en vieux damas, avec un ciel assez élevé pour orner un lit de parade, et puis quantité de pièces massives d'un antique ameublement. Il roula en tremblant devant le foyer un énorme fauteuil; n'osant pas se coucher, il s'assit en fixant les yeux sur la flamme et en attisant le feu, tandis que son esprit, visiblement inquiet, s'efforçait de ne penser qu'à l'œuvre digestive, pour chasser toute autre préoccupation. Ce fut cela même qui le perdit.*

Le brave s'assoupit bientôt. Mais, soit réalité, soit illusion, il ne tarda pas à être en proie à la plus effrayante des songeries. Un souper et un dîner perfides se réunirent pour conspirer sans pudeur aucune contre le repos du Périgourdin. D'abord, il fut galopé par un succulent gigot de mouton qui talonnait de sa queue festonnée son dos trop tardif et ses jambes paralysées de terreur. Puis vint un pâté de lièvres, fantôme au front cornu, qui appuyait avec un rire amer sa main de plomb sur son estomac; le croupion d'un chapon lui suggérait mille idées saugrenues, et une diablesse de cuisse de dinde se remuait sans cesse devant ses yeux écarquillés d'effroi, en affectant de revêtir les formes les plus infernales. Ce n'était pas tout: une série indéfinissable de saucisses, entortillant ses membres avec une ténacité surnaturelle, semblaient vouloir venger, par un étranglement nouveau, la famille entière des boudins des mépris héréditaires du gentilhomme. Enfin, pour combler la mesure de ces cabalistiques inventions, une cuillère à pot, individu grêle et fantastique, venait par intervalles se pendre en dansant sur son nez, comme le bec goulu de certains canards dont parle Pigault-Lebrun. A ce dernier trait de la malice des êtres malfaisans, le pauvre chasseur ne résista plus; et craignant à bon droit de perdre dans un rêve ce qui fait de la vie un songe, il se réveilla en sursaut, empoignant avec vigueur l'indiscrète cuillère...

C'était sa pipe. (Le Gastronome, 22 mai 1831)

Une telle pochade n'ajoute rien sans doute à la gloire de Gautier, mais permet de voir comment, dès le début de sa carrière de conteur fantastique, il parodie les conventions du genre. Il invite le lecteur d'abord à accréditer une histoire invraisemblable ('On ne croit plus aux histoires de revenants et on a bien tort'), affichant en même temps un souci purement burlesque d'authenticité ('On peut croire à mon conte, je le tiens d'un Périgourdin'),[6] passant par la suite d'un procédé de vraisemblabilisation classique ('Pour la vérité de la chronique, nous devons dire ... ') à une hésitation significative ('Mais, soit réalité, soit illusion ... '), avant de confirmer par un détail humoristique, qui fait de la cuillère menaçante du cauchemar une humble pipe, que le récit appartient à la catégorie du 'surnaturel expliqué'. *Cauchemar d'un mangeur* n'en reste pas moins un plagiat légèrement déguisé, dont la technique est rudimentaire, où Gautier se contente de rehausser l'intérêt dramatique d'un modèle quelque peu fade et d'en rendre l'atmosphère plus suggestive par l'emploi d'un style plus pittoresque. En recourant aux mêmes *Contes d'un voyageur* pour la matière du récit beaucoup plus sophistiqué qu'est *La Cafetière, conte fantastique*, qui avait paru dans *Le Cabinet de lecture* du 4 mai 1831, donc une quinzaine de jours plus tôt, il avait cependant déjà montré combien l'imitation peut être créatrice et comment le fantastique au sens véritable peut servir à véhiculer bien plus que l'humour.

La Cafetière (1831)

La publication de *La Cafetière, conte fantastique* dans *Le Cabinet de lecture* du 4 mai 1831, où le texte est signé J. Théophile Gautier, marque une date importante dans la carrière d'un écrivain qui, né le 30 août 1811, n'a pas encore vingt ans. Ce bref récit contient déjà en germe les thèmes et les techniques que Gautier exploitera, en les raffinant, au cours de trente-cinq ans d'activité créatrice dans le genre fantastique. Réédité à cinq reprises du vivant de l'auteur (dans *Le Keepsake français, souvenirs de littérature contemporaine* (Louis Janet, 1833 [avec le millésime 1834]), dans le troisième volume du *Fruit défendu* (1841 [avec le millésime 1842]), dans *la Revue pittoresque* du 20 juillet 1849, dans le tome III de *La Peau de tigre* (Hippolyte Souverain, 3 vol., 1852) et dans la seconde édition de ce même recueil des nouvelles de Gautier qui parut chez Michel Lévy en 1865 [avec le millésime 1866], *La Cafetière* fit l'objet de remaniements successifs avant de trouver, toujours pourvu de sa désignation *conte fantastique*, une place modeste parmi les soi-disant *Contes humoristiques* que l'éditeur Charpentier crut bon d'imprimer à la fin de la nouvelle édition des *Jeunes-France* en 1873, deux ans après la disparition de son auteur. Ce fut dans l'édition originale de *La Peau de tigre* (1852) que le récit prit temporairement le titre d'*Angéla*, modification qui semble mettre l'accent sur le drame sentimental plutôt que sur la transformation fantastique d'un objet quotidien, sens implicite du titre primitif.

La présence dès 1831 du sous-titre 'conte fantastique' est en effet bien plus qu'un simple indicatif générique, renvoyant à une mode littéraire. Gautier tient à montrer que son récit appartient bel et bien au genre fantastique tel que l'avait élaboré Hoffmann, dont les *Contes fantastiques* traduits par Loève-Veimars et autres, avaient eu un succès retentissant vers 1830,[7] et s'inscrit donc dans une tradition consacrée par la littérature d'outre-Rhin. Dans un texte inédit, écrit selon Lovenjoul 'à la fin de 1830', Gautier avait fait preuve de son engouement pour le 'prodigieux génie' qu'était 'Hoffmann le fantastiqueur', dont les 'contes étranges diffèrent tellement de tous les contes parus jusqu'ici, qu'on éprouve en les lisant la même impression qu'un homme lancé de Paris à Pékin, [...]'. Le dépaysement que lui procurait la lecture d'ouvrages aussi originaux, sortis de 'l'imagination [...] vagabonde' d'un écrivain dont le style était 'un prisme magique et changeant', se traduisait aussi par une sorte d'ivresse où '[...] l'horizon danse devant mes yeux et il me faut du temps pour cuver ma lecture et parvenir à reprendre ma vie de tous les jours'. Il admirait donc avant tout la façon dont Hoffmann juxtaposait 'la vie extérieure réelle, reproduite jusque dans ses détails les plus familiers' et 'la vie intérieure et imaginative, les malaises de l'âme et les découragements amers, des visions et des rêves horribles ou gracieux' (*HOTG* I, 11–15).

On ne s'étonnera pas alors que le prénom de la jeune morte ressuscitée dans le rêve du narrateur rappelle d'autres Angéla, héroïnes du *Bonheur au jeu* et de *La Cour d'Artus*,[8] ni que le prénom du narrateur, 'Théophile' dans l'édition originale, devienne par la suite 'Théodore', nom qui évoque celui d'Ernst Theodor Amadeus Hoffmann, de sorte que le jeune auteur parisien finit par se dédoubler en la personne du conteur berlinois.[9] Les noms en apparence fantaisistes des rapins qui accompagnent le narrateur lors de son voyage au fond de la Normandie, Arrigo Cohic et Pedro Borgnioli, rappellent-ils des camarades d'atelier chez le peintre Rioult, où Gautier avait fait des études en 1829, ou évoquent-ils parodiquement les noms à consonance exotique dont Hoffmann affuble tant de ses personnages? Ces petits jeux d'onomastique à part, Gautier exploite visiblement la recette de la juxtaposition de 'la vie extérieure réelle' et de 'la vie intérieure et imaginative' qu'il avait discernée chez Hoffmann dès 1830.

Hoffmann n'avait pas, bien entendu, le monopole de tels procédés narratifs, et nous avons pu montrer ailleurs tout ce que Gautier doit, dans un récit qui fournit un exemple remarquable d'imitation créatrice, au fantastique anglo-saxon depuis Walter Scott jusqu'à Washington Irving.[10] Il avait sans doute lu *La Cambre tapissée* du romancier écossais, histoire de fantôme qui présente quelques analogies avec *La Cafetière*, et il s'inspire visiblement de *L'Aventure de mon oncle* et du *Hardi dragon* du conteur américain en décrivant les portraits et les tapisseries qui s'animent, le sabbat des objets et leur danse au rythme endiablé.[11] Le thème de l'ivresse musicale, traité de façon burlesque chez Irving, renvoie aussi, selon toute probabilité, à l'actualité musicale. Le paragraphe de la deuxième partie de *La Cafetière*, où 'L'archet des virtuoses passait si rapidement sur les cordes qu'il en jaillissait des étincelles électriques' et 'tout cela formait un déluge de notes et de trilles si pressés et de gammes ascendantes et descendantes si entortillées, si inconcevables, que les démons eux-mêmes n'auraient pu deux minutes suivre une pareille mesure' (*OF* I, 14) reflète, semble-t-il, les comptes rendus des concerts de Paganini parus dans la presse parisienne au printemps de 1831.[12] On exécute aussi, comme dans *Le Hardi dragon*, le menuet et la valse, mais chez Gautier cette dernière danse, dont le rythme s'accélère sans que Théodore et Angéla, au grand émerveillement des spectateurs, n'éprouvent aucune difficulté à en suivre la cadence, sert de transition aux transports amoureux du narrateur et de 'cette mystérieuse et fantastique créature' en termes qui font penser à l'idéalisme musical des contes d'Hoffmann, qui fait aussi abolir les frontières temporelles et spatiales et accéder à un univers de connaissances privilégiées:

Je n'avais plus aucune idée de l'heure ni du lieu; le monde réel n'existait plus pour moi et tous les liens qui m'y attachaient étaient rompus; mon âme, dégagée de sa prison de boue, nageait dans le vague et l'infini; je comprenais ce que nul homme ne peut comprendre, les pensées d'Angéla se révélant à moi sans qu'elle eût besoin de parler; [...]
(*OF* I, 16).

Le motif de la cafetière, qui 'sauta légèrement sur la table' au début du songe et dont, à la fin du récit, le narrateur croit avoir tracé inconsciemment les contours 'avec la plus merveilleuse exactitude' (*OF* I, 13; 18), avant de découvrir que le dessin représente en fait la tête d'Angéla, sœur de son hôte, morte deux ans plus tôt, est aussi à rapprocher d'Hoffmann, qui met en scène dans *Le Vase d'or* une sorcière qui a le pouvoir de se transformer en cet objet banal.[13] Il se peut que ce motif ait aussi, comme souvent chez Gautier, une source picturale, dans les tableaux de Boucher, qu'il évoque dans le sixième paragraphe de son histoire, et où les cafetières font souvent partie du décor.[14]

C'est certainement grâce à l'exemple d'Hoffmann et d'Irving, que Gautier est déjà passé maître dans l'art de construire une intrigue où des signes avant-coureurs du fantastique envahissent progressivement le récit. La chambre à coucher semble au narrateur être encore habitée par une inconnue; des boîtes à peignes et des houppes à poudrer semblent 'avoir servi la veille'; une tabatière est pleine de tabac 'encore frais'. Ces observations prennent encore du relief par l'emploi de la métalepse. Le narrateur exploite soigneusement le décalage temporel inhérent au récit à la première personne, où le *moi racontant* peut communiquer des faits au lecteur avant que, dans l'ordre chronologique du récit, le *moi raconté* n'en prenne conscience: 'Je ne remarquai ces choses qu'après que le domestique [...] m'eut souhaité un bon somme, et, je l'avoue, je commençai à trembler comme la feuille' (*OF* I, 12). Parfois, c'est le protagoniste qui devance le narrateur dans la perception de détails significatifs, de sorte que la constatation tardive d'un fait incontestable vient confirmer, de façon illégitime, l'authenticité de l'expérience fantastique. Ainsi, les portraits descendus de leurs cadres s'apprêtent à danser et demandent à 'l'orchestre' de commencer avant que l'on n'explique la provenance des musiciens-fantômes: 'J'ai oublié de dire que le sujet de la tapisserie était un concerto italien d'un côté, et de l'autre une chasse au cerf où plusieurs valets donnaient du cor.' (*OF* I, 14). De tels effets d'anticipation subtils font tout le plaisir d'un texte où le narrateur, tout en affichant de façon explicite la possibilité d'une explication rationnelle ('À cette vue, persuadé que j'avais été le jouet de quelque illusion diabolique, une telle frayeur s'empara de moi, que je m'évanouis.' (*OF* I, 17)), laisse implicitement entendre qu'il s'agit de bien plus qu'un rêve ou une crise de somnambulisme. Trop d'indices concourent (le fait que le narrateur, ayant repris connaissance, porte l'habit de noce du grand-père de son hôte, vêtement dont il n'a pas encore été question, figure symboliquement sa passion pour Angéla; la correspondance troublante de la femme-fantôme, de la cafetière en porcelaine, et du dessin automatique) pour que le lecteur puisse en fin de compte douter de la réalité de l'irréel.

Une variante du début de *La Cafetière* (reproduite dans *HOTG* I, 16–20, et dans *OF* I, 229–232), qui fait écho à la description de la chasse dans le poème intitulé 'Le Marais' (1830),[14a] nous montre encore le sens aigu de la structuration du fantastique dont le jeune Gautier fait preuve. La première moitié du chapitre I de la version du *Cabinet de lecture,* où le narrateur raconte succinctement le voyage en Normandie des trois rapins, leur arrivée tardive dans la terre lointaine, et son inquiétude personnelle en s'installant dans la chambre Régence, semble n'être qu'un habile résumé des pages manuscrites où Gautier avait privilégié les descriptions. L'évocation de l'attirail de chasse de ses compagnons, ainsi que la description du château désolé (véritable ébauche du Château de la Misère du *Capitaine Fracasse,* qui ne verra le jour qu'une trentaine d'années plus tard en 1863) et la transposition d'art qui fait de la cuisine un intérieur de Rembrandt et des maîtres flamands, sont entièrement supprimées. Le terme même de château disparaîtra du texte publié. Gautier ne garde que la référence aux 'chemins affreux' et au 'temps de brume et de pluie' qui retardent les voyageurs, phrase qu'il modifie ainsi:

> Le temps, qui, à notre départ, promettait d'être superbe, s'avisa de changer tout d'un coup, et il tomba tant de pluie, que les chemins creux où nous marchions étaient comme le lit d'un torrent. (*OF* I, 11)

Il ne s'agit nullement de développer le pittoresque mais de mettre en valeur le caractère symbolique de ce revirement météorologique de mauvais augure, qui est aussi comme une première épreuve initiatique par l'eau. Dans la version primitive, le narrateur faisait figure d'exclu, prenant ses distances vis-à-vis de ses camarades. Après la description de l'attirail de chasse des deux autres, il constatait:

> Moi je n'emportais rien du tout, pensant, comme don Juan et lord Chesterfield, qu'un homme d'esprit ne peut chasser deux fois dans la vie.
> On se moqua de moi, mais je tins bon, l'expérience de l'année passée m'ayant guéri de la chasse pour toujours.

Le manuscrit n'éclaire pas d'ailleurs cette dernière référence mystérieuse à la chasse, qui ne trouve aucun écho dans la version imprimée. De même, dans la version autographe, nous lisons 'L'on mangea beaucoup, on but encore plus', de sorte que les joyeux compagnons sont obligées d'aller se coucher, détail qui suggère la possibilité d'une explication banale de l'aventure fantastique et qui sera omise dans le texte du *Cabinet de lecture*, où l'empiétement du rêve sur la réalité semble certain. Gautier ne retient en fait que la description de la salle Régence et la supposition anticipatoire du narrateur, qui, une fois le seuil de sa chambre passé, croit entrer dans un monde nouveau.

La volonté de dépouillement et de subtilisation qui caractérise le passage des variantes manuscrites au conte parfaitement achevé montre l'écrivain qui travaille le style et s'intéresse à la technique narrative. *La Cafetière* est, comme on l'a vu, d'une facture parfaite. Ce bref récit ébauche en même temps les grands thèmes et motifs du fantastique gautiériste: le voyageur dépaysé dans la chambre close d'une maison isolée qui doit affronter des terreurs fantomatiques; l'animation des objets, des tableaux et des tapisseries; la suppression provisoire de la temporalité; l'initiation d'un jeune héros à un amour impossible avec la femme idéale venue d'au-delà du tombeau; l'objet-témoin dont la subsistance authentifie le songe et constitue un souvenir tangible de la bien-aimée repartie au royaume des morts.

L'expérience nocturne qui fait accéder à un univers fantastique nous ramène à Hoffmann et à Irving, mais le schéma du récit perpétue aussi des éléments empruntés aux contes de fées et aux légendes: le motif du temps, que signalent les références répétées à la pendule; le sens de la menace mystérieuse qui pèse sur Angéla, à qui on accorde la permission de danser avec le narrateur, tout en la prévenant 'de ce qui en résultera' (*OF* I, 15); l'alouette, dont le chant fait chasser les fantômes de la nuit. Le dénouement du récit s'écarte cependant de la conclusion optimiste du conte de fées traditionnel. On ne vivra pas heureux et on n'aura pas beaucoup d'enfants, car 'Je venais de comprendre qu'il n'y avait plus pour moi de bonheur sur la terre!' (*OF* I, 18). Que cette formule soit teintée d'ironie ou non, *La Cafetière* inaugure une série de récits qui traitent, dans des décors variés et à des époques diverses, du rapport d'Éros et de Thanatos.

Onuphrius (1832)

Rapprochant volontiers narrateur et auteur, au point même de les confondre, certains critiques ont voulu voir dans *La Cafetière* un récit à caractère autobiographique, où Gautier aurait exprimé, par le moyen d'un genre à la mode, une émotion profonde reflétant le premier chagrin d'amour de sa vie adolescente.[15] D'autres préfèrent y voir le désenchantement précoce d'un écrivain qui projette le bonheur sentimental dans l'imaginaire.[16] La clausule hyperbolique et aigre-douce de cette histoire à la première personne recèle cependant un autre Gautier, ironiste et, déjà à l'âge de 19 ans, maître de l'autoparodie. Passant dans son prochain conte fantastique, *Onuphrius*, au récit à la troisième personne, Gautier prête toujours à son personnage principal des traits autobiographiques,[17] de sorte que le peintre et le poète manqués qu'est Onuphrius semble un autoportrait burlesque de son créateur. Le narrateur relègue cependant le protagoniste parmi ses connaissances et garde ses distances vis-à-vis de ce personnage voué à un destin tragique.

Le conte parut d'abord sous la rubrique 'Mélanges' dans *La France littéraire* d'août 1832, sous le titre d'*Onuphrius Wphly*, et ensuite, comme *L'Homme vexé. Onuphrius Wphly* dans *Le Cabinet de lecture* du 4 octobre de la même année. Une note du *Cabinet de lecture* prétend que ce texte, comme *La Main de gloire* de Nerval, conte fantastique qui y avait paru le 24 septembre, est extrait des *Contes du bousingo*, ouvrage de Nerval et de Gautier à être publié prochainement. En fait, cet ouvrage ne vit jamais le jour et le récit de Gautier entra dans l'édition originale des *Jeunes France, romans goguenards* (Renduel, 1833) où il prit son titre définitif: *Onuphrius, ou les vexations fantastiques d'un admirateur d'Hoffmann*. On est passé en fait en l'espace de douze mois (*Les Jeunes France* furent inscrits à la *Bibliographie de la France* du 17 août, 1833 [N° 4391]) d'un titre impossible à prononcer, donc grotesque et comique (*Onuphrius Wphly*), à un autre où le nom à consonance barbare trouve une qualification affective (*L'Homme vexé. Onuphrius Wphly*), et enfin au dernier, où il est évident que le récit doit traiter des conséquences néfastes d'une obsession littéraire (*Onuphrius, ou les vexations fantastiques d'un admirateur d'Hoffmann*). Ce dernier changement de titre est d'autant plus intéressant que Gautier fut lui-même admirateur d'Hoffmann et que les références à ce dernier sont plus fréquentes ici que dans les versions précédentes. C'est qu'il s'agissait de transformer un conte fantastique en un conte parodique qui soit conforme à la tendance générale du recueil de textes satiriques que sont *Les Jeunes France*. Gautier apporta pour cette raison des modifications considérables à son texte original, supprimant un passage sur l'idéalisme artistique et amoureux du peintre et substituant au dénouement pathétique, où Jacintha meurt en proie à des regrets cruels, une fin cynique et désinvolte indiquant que l'héroïne ne tarde pas à prendre de nouveaux amants à la suite de la disparition d'Onuphrius.[18]

Le narrateur se présente comme un ami de cet Onuphrius, qui aurait été précipité dans la folie par la lecture de traités de démonologie et de contes fantastiques, et il en raconte les rêves délirants et le malaise existentiel. Il s'agit moins sans doute d'une réaction contre 'les méfaits de la mode hoffmannique'[19] que d'une mise en garde ironique qui met en relief certains excès des groupuscules romantiques. Le choix même d'un prénom extravagant qui se termine en -*us* ne fait que refléter la mode du temps et fait penser avant tout à Pétrus Borel, l'un des membres les plus tapageurs du *petit cénacle* dont Gautier raille les excentricités à travers son héros 'Jeune France et romantique forcené' (*OF* I, 28). Ni le thème, ni la technique du conte ne sont d'ailleurs nouveaux. *Onuphrius* s'inscrit dans la tradition d'ouvrages parodiques qui traitent des méfaits de la lecture obsessionnelle. On se rappelle les aventures burlesques des héros de *Don Quichotte* de Cervantès (1547–1616), du *Berger extravagant* de Charles Sorel (1597–1664), et de *L'Histoire des imaginations extravagantes de Monsieur Ouffle* de Bordelon (1653–1730). Il est question aussi des *Farfadets, ou tous les démons ne sont pas dans l'autre monde* (1821) de l'excentrique auteur Berbiguier de Terre-Neuve du Thym, qui figure dans l'un des cauchemars d'Onuphrius (*OF* I, 32, 43; voir aussi 240, n. 24 et 246 n. 58). L'épigraphe empruntée à Rabelais en 1833 ('Croyoit que nues feussent pailles d'airain, et que vessies feussent lanternes. *Gargantua*, liv. 1, ch. XI) témoigne encore de la transformation que subit le conte en entrant dans *Les Jeunes France*, en remplaçant celle, plus sombre, que Gautier avait empruntée à Goya dans les deux versions de l'année précédente pour mettre en évidence les dangers qui émanent du sommeil de la raison.[20] La citation de Rabelais est d'ailleurs doublement parodique, car elle sert non seulement pour souligner la manière dont Onuphrius se fait illusion mais pour jouer sur le mot 'vessies' (de couleur) qui joue un rôle important dans la vie du peintre.

Sous le coup d'une verve véritablement rabelaisienne, Gautier se laisse entraîner par des énumérations burlesques qui multiplient les allusions culturelles, de sorte que leur accumulation même renforce le sens de la parodie. Les romantiques allemands n'en restent pas moins son point de référence le plus important, et il cite en 1833 Jean-Paul (*OF* I, 29), absent dans les versions antérieures, à côté de Chamisso (*OF* I, 51) et de Hoffmann. Aux emprunts à ce dernier relevés par R. Jasinski,[21] il convient d'ajouter *Le Choix d'une fiancée*, où Tussmann, personnage que Gautier évoque en passant en 1833 (*OF* I, 31) s'imagine être poursuivi par le Diable, hantise qui contamine aussi la pensée d'Onuphrius. Aux nombreuses autres sources livresques, artistiques et historiques, et aux échos de la littérature satirique et fantastique traqués par Jasinski, on ajoutera le roman du bibliophile Jacob (Paul Lacroix), *La Danse macabre, histoire fantastique du quinzième siècle* (Renduel, 1832), dont le treizième chapitre, intitulé 'Le Mort vivant et le Vivant mort' raconte l'histoire de Crespeau mis en terre tout vivant, traumatisme qui compte aussi parmi ceux du héros de Gautier. Pour l'auteur il semble bien être question de faire entrer dans son récit tout le bric-à-brac du fantastique romantique, et, comme dans *Albertus*, de tourner en ridicule les poncifs du genre.

Gautier écrivit cependant dans une lettre à Mélanie Waldor du 26 juillet 1832, à propos d'un conte que Lovenjoul identifiait très vraisemblablement comme *Onuphrius Wphly* (qui devait paraître dans *La France littéraire* du mois suivant): 'Quoique fantastique, je ne pense pas que cela soit déplacé dans le plus grave recueil, il y a une idée philosophique dessous.' (*CG* I, 31). Faut-il donc, même dans la version plus burlesque de 1833, chercher à travers les mésaventures du héros en proie à des cauchemars de plus en plus déconcertants des préoccupations sérieuses? Les tribulations du peintre passent inexorablement du comique des premières pages du récit au grotesque qu'engendre une imagination qui 's'échauffa et se déprava de plus en plus' (*OF* I, 29) au contact de lectures d'un éclectisme bizarre:

> Il ne lisait que des légendes merveilleuses et d'anciens romans de chevalerie, des poésies mystiques, des traités de cabale, des ballades allemandes, des livres de sorcellerie et de démonographie; avec cela il se faisait, au milieu du monde réel bourdonnant autour de lui, un monde d'extase et de vision où il était donné à bien peu d'entrer. Du détail le plus commun et le plus positif, par l'habitude qu'il avait de chercher le côté surnaturel, il savait faire jaillir quelque chose de fantastique et d'inattendu. (*OF* I, 29)

Le narrateur évoque, non sans sympathie, 'son cerveau en délire', 'cette exaltation maladive qui touchait à la folie par plus d'un point' (*OF* I, 30), mais constate avec ironie que 'dans ce siècle d'incrédulité', 'il avait peur du diable, des revenants, des esprits et mille autres billevesées' (*OF* I, 30-31). Le Diable figure comme persécuteur et comme rival dans ses rêves, qui prennent un caractère de plus en plus bizarre et macabre. Il s'imagine être enterré vivant, menacé de dissection, et perd jusqu'au sens de son identité, au point où 'il resta dans un état d'hallucination presque perpétuel qui ne lui permettait pas de distinguer ses rêveries d'avec le vrai' (*OF* I, 43). D'autres crises de dépersonnalisation surviennent; il croit s'être fait trépaner par un double maléfique, qui s'amuse aussi à le déposséder systématiquement de son talent littéraire et artistique, et il s'imagine enfin 'que le diable lui avait escamoté le corps' (*OF* I, 50-51). Il sombre alors définitivement dans la folie et le narrateur en tire la leçon morale:

[...] cette belle imagination, surexcitée par des moyens factices, s'était usée en de vaines débauches; à force d'être spectateur de son existence, Onuphrius avait oublié celle des autres, et les liens qui le rattachaient au monde s'étaient brisés un à un. (*OF* I, 51)

Le narrateur fait alors de son héros un cas psychiatrique, explicable en termes simples:

Pour avoir trop regardé sa vie à la loupe, car son fantastique, il le prenait toujours dans les événements ordinaires, il lui arriva ce qui arrive aux gens qui aperçoivent, à l'aide du microscope, des vers dans les aliments les plus sains, des serpents dans les liqueurs les plus limpides. (*OF* I, 51)

Marie-Claude Schapira y discerne les symptômes de la schizophrénie, telle qu'on la définit aujourd'hui;[22] Marcel Voisin parle d'un véritable *complexe d'Onuphrius*, engendré par le divorce que Gautier lui-même percevait entre l'idéal et le réel, et se demande si les troubles du héros sont finalement à mettre au compte d'une causalité externe ('volonté diabolique, destin malheureux') ou interne ('cervelle faible surchauffée par la mode romantique').[23] Le narrateur, pour sa part, cite 'un tableau statistique de la folie' établi 'l'année passée' par le docteur Esquirol, selon lequel la démence d'Onuphrius n'est attribuable qu'à une 'cause inconnue' (*OF* I, 51). Nous n'avons pas réussi à identifier dans les nombreux ouvrages sur l'aliénation mentale du chef de l'hôpital de Charenton, Jean Esquirol (1772–1840), le tableau que cite Gautier, mais nous trouvons dans le *Rapport statistique sur la maison royale de Charenton pendant les années 1826, 1827 et 1828. Extrait des Annales d'Hygiène publique et de médecine légale* (Paris, J. Gratiot, s.d. [1829]), rédigé par Esquirol, une table statistique des 'causes morales' prédisposant les malades à la folie: 'chagrins domestiques, excès d'étude et de veille, revers de fortune, passion du jeu, jalousie, amour contrarié, amour-propre blessé, frayeur, dévotion exaltée, excès de joie, lecture de romans.' Gautier y aurait-il trouvé la justification scientifique de son conte burlesque? Quoi qu'il en soit, Onuphrius nous semble être un personnage bien plus complexe que les aimables excentriques, tels Elias Wildmanstadius et Daniel Jovard, qui peuplent l'univers imaginaire des *Jeunes-France, romans goguenards*.

La conclusion du récit en 1833 nous empêché pourtant de prendre tout à fait au sérieux sa portée médicale:

> Et Jacintha? Ma foi, elle pleura quinze jours, fut triste quinze autres, et, au bout d'un mois, elle prit plusieurs amants, cinq ou six, je crois, pour faire la monnaie d'Onuphrius; un an après, elle l'avait totalement oublié, et ne se souvenait même plus de son nom. N'est-ce pas, lecteur, que cette fin est bien commune pour une histoire extraordinaire? Prenez-la ou laissez-la, je me couperais la gorge plutôt que de mentir d'une syllabe. (*OF* I, 52)

Le critique anonyme du *Figaro* qui rendit compte des *Jeunes-France* le 7 septembre 1833 vit dans *Onuphrius* un conte fantastique de qualité, 'un feuillet déchiré du grand livre des misères humaines, et non pas des lambeaux d'Hoffmann maladroitement cousus', mais y fit la part d'un 'dévergondage ironique et byronien'. Gautier est ici très conscient du genre littéraire sur lequel la fin désinvolte du récit attire de nouveau notre attention. Par un procédé familier aux conteurs fantastiques de l'époque, il mise sur l'ambiguïté, excluant le surnaturel au sens propre en faisant focaliser par son personnage les déboires avec le Diable et en se contentant, dans un clin d'œil parodique, d'une description rétrospective de la 'demi-aune de queue velue' que le dandy refourre sous les basques de son habit (*OF* I, 49). Cette histoire d'un jeune peintre égaré par ses lectures et doutant de sa propre identité est de loin le conte le plus réussi des *Jeunes-France* et consacre par ses thèmes, tel le dédoublement, et ses motifs, telle la glace de Venise, foyer des hantises, le mode fantastique caractéristique de son auteur, où parodie et pathétique ne semblent jamais s'exclure.

Albertus (1832)

La publication chez Paulin en octobre 1832 d'*Albertus ou l'âme et le péché, légende théologique,* marque encore une étape importante dans l'évolution de l'esthétique de Gautier, car la Préface de ce second recueil de poésies (le premier, intitulé *Poésies*, avait passé presque inaperçu en

1830) annonce déjà la doctrine de *l'art pour l'art*, sans pour autant employer cette formule célèbre. Le titre de l'ouvrage vient du morceau le plus important du recueil, *Albertus, poème*, que Gautier décrit dans sa Préface comme une 'légende semi-diabolique, semi-fashionable'. Nous n'hésitons pas à qualifier ce long poème narratif (cent vingt-deux strophes, dont chacune consiste en onze alexandrins et un octosyllabe, donc en 1464 vers au total) de conte fantastique en vers. Gautier y dépeint d'abord la Flandre des tableaux de genre (I–III), plus tard les salons aristocratiques de Leyde (XXVIII et sq.), et l'atelier du peintre (LXXV et sq.), qui serviront, selon le mode hoffmannique, de décor à l'élaboration d'aventures extraordinaires. Cette Flandre de convention est aussi celle des légendes et des féeries, univers merveilleux où une vieille sorcière immonde, Véronique (le nom rappelle, bien entendu la sorcière du *Pot d'or* d'Hoffmann), se rajeunit en un idéal de beauté, 'un rêve du ciel' (XXII). Cette transformation se valorise à travers des références artistiques, le plus souvent anachroniques, à la musique, à la littérature et à la peinture. Véronique est douée de la voix douce du rossignol, comme la Sontag et la Malibran, de la malice de Puck et de la grâce d'Ariel, ainsi que de la petite moue d'Esmeralda (XXII). Elle incarne les qualités les plus diverses:

> *Disinvolture*, esprit lutin, grâce câline, —,
> Tour à tour Camargo, Manon Lescaut, Philine,
> Une ravissante catin! (XXXIV)

Désignations qui ne l'empêchent pas d'être en même temps un idéal de Lawrence (XL)! Ici, l'accumulation même des allusions est d'un burlesque évident; un fantastique conventionnel se crée ainsi à coup de références culturelles multipliées, à Shakespeare (*Macbeth*, XIX), à Goethe (*Faust*, XIII), à Hoffmann (*Chat Murr*, XV), à Scott (*Guy Mannering*, XIII), et à Nodier (*Smarra*, XI). L'intérieur de la hutte de la sorcière, où se heurtent 'mille objets fantastiquement mêlés' (IX), rappelle évidemment le magasin de l'antiquaire de *La Peau de chagrin* de Balzac, avec un petit clin d'œil ironique vers *l'Antiquaire* de Scott (XIV), décor que nous retrouverons dans la boutique du marchand de bric-à-brac du *Pied de momie*. La hutte est décrite ainsi:
> — C'est la réalité des contes fantastiques

C'est le type vivant des songes drolatiques;
C'est Hoffmann, et c'est Rabelais! (XI)

(On notera la référence au grand maître de l'énumération). De même, l'atelier d'Albertus, où la prolifération des objets d'art suffit pour en faire 'un monde fantastique' (LXXVI), évoqué à travers Shakespeare, Bürger, Goethe et Byron, et le boudoir de Véronique, avec son 'désordre charmant' (LXXXVIII), où Albertus est arrivé comme plus tard Romuald chez Clarimonde dans *La Morte amoureuse,* et qui font pendant à la demeure de la sorcière, sont des endroits propices à l'éclosion du merveilleux. Le tournant du récit, où Véronique tombe amoureuse du jeune peintre, archiromantique et mélomane, se situe à l'opéra, où l'on joue le *Don Giovanni* de Mozart. Il s'agit d'un souvenir à peine voilé du *Don Juan* d'Hoffmann (XLII sq). Plus tard, pour relancer l'intrigue, le narrateur exploite la formule *Che vuoi?,* rappelant ainsi indirectement *Le Diable amoureux* de Cazotte, allusion qui constitue par sa parenté thématique une *mise en abyme* du poème.[24]

Le pittoresque macabre qui domine la fin d'*Albertus* trouve son point culminant avec la nouvelle transformation de Véronique en sorcière. Cette 'Mort vivante', entourée d'êtres difformes sortis des estampes de Callot et de Goya, participe à un sabbat calqué sur celui de *Faust*. Les énumérations grotesques se perpétuent; un Diable byronien, 'le Belzébuth dandy', tel 'un merveilleux du boulevard de Gand' (CXIV),[25] qui semble sorti de *Robert-le-Diable* de Meyerbeer ou de *La Tentation de Faust* de Berlioz, assiste au concert diabolique, présence qui appelle de la part du narrateur encore une longue énumération, cette fois de compositeurs, dont 'Hoffmann le fantastique', et de virtuoses. Bien que le 'Dieu vous bénisse' d'Albertus qu'occasionne l'éternuement du Diable finisse par chasser la fantasmagorie, le corps du peintre sera retrouvé, le lendemain de l'orgie, les reins cassés et le col tordu.

Avec une verve satirique remarquable Gautier termine alors son épopée burlesque. Ayant accumulé à plaisir tous les motifs traditionnels concernant les sorcières des contes de fées et les pactes diaboliques, toutes les références imaginables aux auteurs, aux artistes et aux musiciens associés au fantastique, le narrateur s'esquive en une pirouette, laissant au lecteur le devoir d'apprécier la qualité de son 'poème homérique' et d'expliciter le sens de cette 'allégorie admirable et profonde' (CXXII). L'engouement de Gautier pour la littérature fantastique n'exclut donc pas la parodie. On pourrait voir dans *Albertus* un exercice littéraire qui est aussi une puissante thérapeutique, permettant de se libérer d'une tradition qui menace d'étouffer le génie créateur. Désormais, il ne suffira pas de pasticher les modèles anglo-saxons ou germaniques, mais, emporté par l'élan fantastique, de s'approprier pleinement un genre et d'en tirer des œuvres variées et parfois originales.

Le Nid de rossignols (1833)

Au merveilleux burlesque d'*Albertus*, long poème byronien, succède, à la fin de l'année suivante, le merveilleux sentimental du bref conte musical, *Le Nid de rossignols*,[26] qui parut dans *L'Amulette, étrennes à nos jeunes amis, 1834* (Renduel, 1833). Repris par *Le Cabinet de lecture* en janvier 1834, le récit reparut dans *Une Larme du diable* (Desessart, 1839) et dans *Violettes. Fleurs de littérature contemporaine* (Louis Janet, s.d. [1840]), avant d'entrer dans l'édition originale des *Nouvelles* de Gautier (Charpentier, 1845). En 1850, il fut réimprimé, avec *Omphale*, dans la *Revue pittoresque*, t. I (deuxième série), 20–23, sous la rubrique 'Deux contes rococo'.[27]

L'emploi de certains procédés énumératifs et du mode itératif [28] donne à ce récit l'allure d'un conte de fées ou d'un conte populaire. Tout se passe dans un monde à part. Le paysage idéalisé, avec son parc et son château, est un véritable domaine enchanté où peut s'épanouir le talent musical des deux cousines, Fleurette et Isabeau, qui incarnent les plus hautes qualités artistiques et morales. La musique, traditionnel emblème de l'harmonie universelle, influe sur le comportement désintéressé de ces belles chanteuses et les voue au culte de l'art absolu. Percevant le monde essentiellement par les sons, les héroïnes souffrent de 'la maladie de la musique' (*N*, 255), et bien qu'elles sortent victorieuses du concours de chant où le maître rossignol trouve la mort, elles mourront à leur tour, épuisées par leur attachement obsessionnel à la musique. Pour réussir cette petite fantaisie aigre-douce, Gautier crée un Moyen-Âge de convention, avec ses tournois et ses maîtres-chanteurs, où les cousines vivent toutes isolées, sous la tutelle de leur oncle, l'honnête sire de Maulevrier, et n'ont guère pour compagnons, en dehors du vieux ménétrier Blondiau et du joli page Valentin, que les fleurs et les oiseaux. Ce décor moyenâgeux appartient à un univers merveilleux, où les rossignols savent parler, les chérubins descendent du ciel pour apprendre les compositions des cousines, Sainte-Cécile, jalouse de leurs prouesses vocales, laisse tomber sa contrebasse par terre, et où intervient finalement le bon Dieu lui-même, qui garde d'abord au ciel les trois rossignolets, 'pour lui exécuter la musique de Fleurette et d'Isabeau' (*N*, 259) et, par la suite, fait passer leurs âmes dans les corps de trois grands compositeurs: Palestrina, Cimarosa et Gluck.

Par le soin qu'il apporte non seulement au style mais aussi à la technique narrative, Gautier crée une atmosphère mêlée d'incertitude et d'inexorabilité tragique. Des ellipses narratives génératrices de mystère (aucune précision n'est donnée quant à la chronologie, au milieu, ni à la situation familiale des cousines) voisinent avec des prolepses narratives recherchées. Une première anticipation est introduite par une de ces locutions modalisantes que Gautier emploie souvent dans ses contes fantastiques: 'Peut-être avaient-elles senti par un secret instinct que leur mission ici-bas était d'être filles et de chanter [...]' (*N*, 254). Il s'agit de toute évidence d'un message encodé qui invite le lecteur à tenir pour véridique ce qui ne semble être qu'une simple hypothèse. D'autres types d'anachronie préparent le dénouement tragique, au point même d'enlever à la dernière partie du récit tout mouvement dramatique. Le chant des cousines a 'quelque chose qui n'était pas de ce monde', de sorte qu'il 'n'était pas difficile de prévoir que la musique briserait l'instrument', car ce fut 'le chant du cygne' et 'il était facile de comprendre que ce n'étaient pas des créatures vivantes qui chantaient' (*N*, 258). La force de ces indications est telle que le narrateur n'évoque la fin de Fleurette et d'Isabeau que par rétrospection: 'Les deux cousines étaient mortes; leurs âmes étaient parties avec la dernière note' (*N*, 259).

La clausule, qui évoque le sort des trois petits rossignols orphelins que les cousines avaient dû soigner à la suite de la mort du maître rossignol, donne dans un merveilleux purement allégorique: 'Le bon Dieu fit plus tard, avec ces rossignols, les âmes de Palestrina, de Cimarosa et du chevalier Gluck' (*N*, 259). Cette conclusion précieuse imprime au texte un sens métaphysique et reflète le thème archi-romantique de l'artiste destiné au martyre. De même que *La Cafetière* avait établi les grandes lignes d'un fantastique consacré à la recherche de l'amour au-delà du tombeau, *Le Nid de rossignols*, récit poétique de *Liebestod* musical, contient déjà en germe des thèmes de réflexion artistique qui reviennent dans les récits fantastiques jusqu'à *Spirite* (1865). À cet égard, il est évident que Gautier puise une partie de son inspiration chez Hoffmann. Il connaissait certainement la nouvelle intitulée *Gluck*, qui avait paru dans le tome VIII de la traduction de Loève-Veimars (*Contes fantastiques*, Renduel, 1830),[29] et le récit est tout impégné d'autres lectures hoffmanniennes. Dans *Don Juan*, on trouve le thème du culte excessif de la musique, doublé d'un désir d'absolu, qui finit par détruire. Dans *La Vie d'artiste*, Laurette chante comme un rossignol avec les notes soutenues, roulades, trilles et fioritures que Gautier attribue à Fleurette et à Isabeau. Dans *Les Maîtres-chanteurs*, on retrouve le motif du concours de chant. Dans *Le Sanctus*, où Hoffmann se réfère à Palestrina, Bettina ne vit que pour chanter mais perd sa voix, détail que Gautier évoquera à propos de Mlle Falcon en 1838 et 1840.[30] La source la plus immédiate est sans doute *Le Violon de Crémone*, où Antonia paye de sa mort les prestiges surnaturels de sa voix et où l'expression 'la musique brisait l'instrument', dont se sert le narrateur du *Nid de rossignols*, trouve une illustration dramatique lorsque le violon de Krespel se brise symboliquement à la mort d'Antonia. Le *topos* du concours de chant entre rossignols et êtres humains remonte au moins au 17e siècle,[31] mais la dette de Gautier envers Hoffmannn ne fait aucun doute. Il avait d'ailleurs écrit dans son éloge de 1830:

[...] quel autre qu'un musicien aurait pu décrire toutes ces situations musicales si déliées et si subtiles qui font la charme de la *Vie d'artiste*, des *Maîtres chanteurs* et de *Don Juan*; [...] (*HOTG* I, 12)

Le récit est accompagné dans *L'Amulette* d'une gravure anglaise, représentant deux jeunes femmes en costume médiéval, un lévrier, et un jeune garçon, qui regardent attentivement un nid d'oiseaux que celui-ci tient dans ses mains. Comme souvent dans les keepsakes de l'époque, le texte constitue une sorte de commentaire sur la gravure, qui en est donc une source picturale. Pour être une pièce de circonstance, *Le Nid de rossignols* n'en reste pas moins un charmant récit poétique, qui annonce la série de contes féeriques et légendaires que Gautier devait publier dans les années 1840; ces textes, qui sont aussi des pastiches, s'adressent autant au lecteur cultivé qu'au jeune public auquel leur mode de publication semble les destiner. Il ne fait pas de doute que ces récits à caractère merveilleux, imprégnés de couleur locale et de fantaisie, assouvissent un besoin d'évasion très romantique.

Omphale (1834)

Omphale, ou la tapisserie amoureuse parut d'abord dans le *Journal des gens du monde* du 7 février 1834, fut repris comme *Omphale, histoire rococo* dans *Une Larme du diable* (Desessart, 1839) et dans l'édition originale des *Nouvelles* (Charpentier, 1845), et fut réimprimé en 1850, avec *Le Nid de rossignols*, sous la rubrique *Deux contes rococo*, dans la *Revue pittoresque*, t. I (nouvelle série), 17–21. Cette dernière juxtaposition semble d'autant plus étrange que le récit d'*Omphale* se rapproche thématiquement de *La Cafetière* (1831), dont il constitue en quelque sorte une parodie mondaine, plutôt que du *Nid de rossignols* (1833), où Gautier avait cherché à pasticher le merveilleux des contes poétiques portant sur le Moyen-Âge. Il faut cependant envisager l'épithète *rococo* moins dans la perspective d'une catégorie esthétique générale, comme on le fait de nos jours, qu'au sens littéraire où l'entendait l'auteur du poème *Rococo* (*Pastel*) (*Les Annales romantiques* [1836] (parues à la fin de 1835)) qui, comme *Le Nid de rossignols*, constitue une sorte de commentaire sur la gravure qui l'accompagne, de la nouvelle *Le Petit chien de la marquise* (*Le Figaro* 19, 23 et 24 décembre, 1836) et du roman *Jean et Jeannette* (*La Presse*, 9, 10, 11, 12, 16, 17, et 21–26 juillet, 1850), ouvrages qui témoignent de l'enthousiasme de Gautier pour l'œuvre de Marivaux et de ses contemporains. Il faut aussi comprendre le terme *rococo* au sens moral que lui prêtait l'admirateur d'*Angola* de La Morlière et du *Chevalier de Faublas* de Louvet de Couvray, romans libertins du 18e siècle, dont les récits de Gautier, avec leur érotisme badin, sont un reflet ironique. Le décor de la chambre à coucher dans *La Cafetière* remontait déjà à la

Régence, époque de licence qu'évoque l'intérieur *rococo* d'*Omphale*, avec sa tapisserie mythologique 'dans le style le plus *Pompadour* qu'il soit possible d'imaginer' (*OF* I, 59). Le motif de la tapisserie et la référence au 'vieux militaire intrépide' renvoient peut-être encore à *La Chambre tapissée* de Walter Scott et au *Hardi dragon* d'Irving, sources de *La Cafetière*. Gautier avait-il pris connaissance aussi d'un récit à caractère philosophique de Ballanche, *La Tapisserie-fée*, qui avait paru dans la *Revue de Paris* (XXXXV, 1832, 225-233)? Ou s'agit-il, en matière de tapisseries qui s'animent, d'une hantise personnelle qui trouve son reflet ailleurs dans l'œuvre de Gautier?[32] Quoi qu'il en soit, la tonalité d'*Omphale* est toute différente de celle de ses précurseurs. Gautier prend ici ses distances vis-à-vis de la mode du conte fantastique, en parodiant le genre. Le narrateur tourne en ridicule le métier même de 'conteur fantastique' (*OF* I, 60), qui consiste en partie à 'rendre plus vraisemblable l'invraisemblable histoire' (*OF* I, 61), et sacrifie à un humour juvénile, en terminant sa description de la dame de la tapisserie, véritable pastiche de la littérature galante, de cette façon: '[...] il ne lui manquait qu'une petite moustache pour faire un mousquetaire accompli' (*OF* I, 60). Nous en sommes encore à la goguenardise des *Jeunes-France*.

Une telle désinvolture impose au texte une certaine gratuité, sans pour autant annuler le sens d'ambiguïté caractéristique du genre. Les descriptions mêmes se placent sous le signe de l'*antiphrase*, figure évoquée par le narrateur dès la première page de l'histoire. Le pavillon Louis XV 'passablement maussade' (*OF* I, 58), situé dans le jardin piteux de son oncle, s'appelle les *Délices*. 'Cette pauvre ruine d'hier' est 'aussi délabrée que si elle avait eu deux mille ans', lit-on dans l'édition originale, ce qui nous ramène en imagination à l'antiquité, époque où le mythe d'Omphale et d'Hercule trouve son origine, et même la variante qui s'impose à partir de 1839, 'si elle eût eu mille ans' (*OF* I, 59), met toujours en évidence le caractère factice et trompeur du pavillon, dont l'intérieur n'est pas 'moins rococo' que l'extérieur. Ainsi un tableau en camaïeu représentant Diane n'est en réalité que le portrait d'une ancienne maîtresse de l'oncle, et la tapisserie mythologique, qui 'complétait l'illusion' (*OF* I, 59) du retour à la Régence, et dont la description a l'allure d'une véritable transposition d'art, s'avère être la représentation d'une marquise et de son mari, que celui-ci a eu la velléité de faire exécuter sous les costumes d'Omphale et d'Hercule. De telles complications n'excluent pas non plus les procédés de vraisemblabilisation d'usage dans ce type de récit. Le narrateur, sensible au charme de la déesse de la tapisserie, constate: 'Je fis cette nuit-là un rêve singulier, si toutefois c'était un rêve' et se décrit vers la fin du récit comme 'moi qui croyais n'avoir fait qu'un rêve' (*OF* I, 61; 64), laissant entendre que son initiation sexuelle, accomplie grâce à la marquise descendue de sa tapisserie, n'est nullement illusoire. Les quelques fils rompus dans le morceau de terrain 'où portaient les pieds d'Omphale' (*OF* I, 64) constituent une preuve suggestive de la réalité de cette rencontre amoureuse. La tapisserie est alors bien plus qu'une simple mise en abyme du récit. Par le fait de son animation, elle dépasse la représentation purement spéculaire pour envahir l'espace réel, concrétisant les désirs refoulés[33] de l'adolescent et affirmant le pouvoir de l'onirisme. C'est bien l'inconscient du jeune narrateur qui fait revivre la femme-fantôme et qui triomphe provisoirement de la mort.

Tout est d'ailleurs surdéterminé dans un texte fantastique. Les noms propres mêmes viennent étayer l'atmosphère surnaturelle. L'oncle, lit-on à la fin d'un paragraphe, 'n'estimait réellement au monde que l'épître à Zétulbé', nom qui évoque une romance sentimentale fort en vogue au début du siècle[34] mais qui est aussi, à deux lettres près, une anagramme de Belzébuth, de sorte que la référence à Méphistophélès à la fin du paragraphe suivant y fait écho de façon significative, annonçant la possibilité d'une intervention diabolique avant même que la tapisserie ne prenne vie. Le pavillon n'avait-il pas dès les premiers paragraphes du conte l'air d'un de 'ces vieillards précoces, usés par la débauche' (*OF* I, 59)? Ce détail annonce déjà l'intrusion de l'oncle, qui semble être au courant des stratagèmes d'Omphale, et dont la colère constitue une preuve supplémentaire de la transgression de l'interdit dont elle est responsable. L'oncle, comme une vingtaine d'années plus tard le père d'Arria Marcella, joue alors le rôle de l'adjuvant négatif qui rappelle à l'ordre moral, décrochant la tapisserie que le narrateur ne pourra jamais récupérer.

Le dénouement du conte baigne cependant dans l'ambiguïté totale. Le hasard de la redécouverte de la tapisserie chez un marchand de bric-à-brac semble d'abord militer en faveur de la thèse d'une intervention fantastique, mais la disparition inopportune de ce talisman enlève au narrateur la possibilité de renouveler son expérience nocturne, qu'elle soit surnaturelle ou onirique. Le fantastique se dérobe, laissant au narrateur le soin de prendre en charge la perte de son innocence et les regrets de son adolescence, tempérés maintenant par la sagesse douteuse de la vie adulte. Il se console donc, prétendant qu'il vaut mieux garder intact un 'délicieux souvenir' que de chercher à faire revivre le passé, comme s'il ne fallait pas porter atteinte au rêve de peur qu'il ne s'évanouisse. La suppression à partir de 1839 d'un bref paragraphe qui précède dans l'édition originale les deux derniers ('J'en pleurais; il y a deux ans que cela est arrivé, et je n'en suis pas encore tout à fait consolé' (*HOTG* I, 60)), rend la conclusion du récit moins nuancée.

Dans les écrits de Gautier, il faut toujours faire la part du mode de publication. Le 7 février 1834, il s'adressait directement et sur un ton badin aux 'belles lectrices' (*OF* I, 61) du *Journal des gens du monde*, mais terminait son récit par un soupir romantique et complaisant, qui le rapprochait encore de *La Cafetière*, dont il recycle le scénario imaginaire. Destinant son conte plus tard à un public plus varié, il enleva ce trait nostalgique et sentimental, tout à fait approprié au jeune protagoniste naïf, à peine sorti du collège et 'plein de rêves et d'illusions' (*OF* I, 60), afin de ne pas atténuer la boutade sceptique du tout dernier paragraphe, qui laisse transparaître l'humour espiègle qui sous-tend la présentation du fantastique dans ce récit léger, où pudeur et licence, élégie et ironie s'interpénètrent de façon subtile.

La Morte amoureuse (1836)

Il faudra attendre deux ans avant que Gautier ne revienne au mode fantastique avec *La Morte amoureuse*, qui parut dans la *Chronique de Paris* du 23 et du 26 juin 1836. Cette nouvelle fantastique, souvent considérée comme le chef-d'œuvre de son auteur, devait reparaître dans *Une Larme du diable* (Desessart, 1839), avant de passer dans les *Nouvelles* (Charpentier, 1845). Elle fut réimprimée dans la *Revue pittoresque* du 20 mars 1850 comme *Clarimonde*, titre moins macabre que la nouvelle ne conserva pas.

La Morte amoureuse aborde le thème de l'amour impossible traité dans *La Cafetière* et *Omphale* mais en y associant le vampirisme, grand thème de la littérature frénétique, le refoulement sexuel des prêtres, caractéristique du roman noir et des romans licencieux de la fin du dix-huitième siècle, et le dédoublement de la personnalité, notion capitale du fantastique allemand du début du dix-neuvième siècle. La tonalité dans *La Morte amoureuse*, que Gautier désigna en 1858 comme son seul 'ouvrage nocturne',[35] est plus sombre que dans les deux contes fantastiques cités, et l'humour y est, à deux exceptions près, absent.[36] Gautier puise aussi son inspiration dans un champ littéraire plus vaste. Le titre fait penser tout de suite au célèbre roman fantastique de Cazotte, *Le Diable amoureux* (1772), qui raconte les amours d'Alvare, jeune Espagnol qui est capitaine des gardes du roi de Naples, et de la belle et énigmatique Biondetta, qui prétend être une sylphide mais est en réalité une incarnation du Diable. Au début du récit Alvare s'était laissé entraîner à invoquer Belzébuth mais les principes du jeune homme le protègent contre les maléfices de Biondetta, qui finit par disparaître. Il se peut que Gautier, grand connaisseur de la littérature du dix-septième siècle, se souvienne en même temps du titre d'une pièce de théâtre de Rotrou, *L'Hypocondriaque, ou le mort amoureux* (1628). Sa dette est cependant plus grande envers deux autres prédécesseurs, qui trouvèrent une partie de leur inspiration chez Cazotte. *Le Moine* (1796),[37] roman noir de M.G. Lewis, où le surnaturel intervient de façon mélodramatique, est l'histoire du prêtre Ambrosio, qui tombe amoureux d'un suppôt du Diable, Matilda. La force du désir sexuel le mène par la suite au viol et au meurtre, pour lesquels il est condamné à mort. *In extremis*, il fait un pacte avec le Diable mais celui-ci ne le sauve du bûcher que pour mieux l'anéantir, le précipitant du haut du ciel sur des rochers où il s'écrase. *Les Élixirs du diable* (1816) d'E.T.A. Hoffmann doivent quelque chose au *Moine*, mais traitent de façon plus subtile la psychologie, en brodant des variations complexes sur le thème du dédoublement. Le comte Viktorin joue auprès du moine Medardus le rôle de double sensuel que jouera le seigneur Romualdo vis-à-vis du prêtre Romuald dans la nouvelle de Gautier. La dette de *La Morte amoureuse* envers ce grand roman fantastique, qui est aussi l'une des sources principales de l'œuvre de Nerval, est considérable, bien que Gautier n'eût pu le connaître que dans la traduction incomplète de Jean Cohen parue chez Mame et Delaunay-Vallée en 1829, sous le titre *L'Élixir du diable*, où l'œuvre est faussement attribuée à C. Spindler.[38] La présence même du nom Sérapion dans la nouvelle de Gautier confirme l'inspiration hoffmannienne, bien que la paternité littéraire de *La Morte amoureuse* soit plus complexe encore. Il est évident que d'autres ouvrages traitant du dédoublement psychologique et de la vie nocturne, tels *Smarra* (1821) et *La Fée aux miettes* (1832) de Nodier, auraient pu servir de modèle. *La Morte amoureuse* est bien plus cependant qu'une mosaïque d'emprunts à la tradition fantastique ou qu'une diablerie à la mode du jour. La grande originalité de Gautier est d'avoir réussi à faire fusionner des éléments en apparence disparates. En conservant le sens de l'allégorie morale, déjà évidente chez Cazotte et Lewis, il appelle son héros Romuald, évoquant ainsi le nom de son saint patron qui fondit l'Ordre des Camaldules,[39] et choisit pour la courtisane vampirique le nom de Clarimonde, terme qui semble participer symboliquement de la pureté et de l'impureté morales (*clair-immonde*),[40] en faisant opposer à la passion lumineuse l'obscurité du mal. En matière d'onomastique, on notera que Romuald déclare dès le premier paragraphe du récit:

> Moi, pauvre prêtre de campagne, j'ai mené en rêve toutes les nuits (Dieu veuille que ce soit un rêve!) une vie de damné, une vie de mondain et de Sardanapale.   (*OF* I, 75)

Cette référence au roi légendaire d'Assyrie, type du prince voluptueux et débauché, n'est pas uniquement un lieu commun, car, pour le lecteur de 1836, le nom rappelle aussi les qualités et les défauts que réunit le héros éponyme de *Sardanapalus* (1821) de Byron. *La Morte amoureuse*, qui compte parmi les récits fantastiques les plus dramatiques et les plus poétiques de Gautier, fait bien penser en même temps au somptueux tableau de Delacroix, *La Mort de Sardanapale* (1827), qui trouve son inspiration dans ce drame lyrique. De même, en retravaillant le thème rebattu de la littérature frénétique et du bas romantisme dont *Le Vampire* (1819) de Polidori avait donné l'exemple, Gautier ne se contente pas d'imiter des prédécesseurs comme Hoffmann, à qui il emprunte quelques détails, comme Nodier ou comme Mérimée,[41] mais traite le vampirisme de façon discrète et originale en humanisant Clarimonde.[42] Bien que l'abbé

Sérapion la tienne non seulement pour 'une goule, un vampire femelle' mais encore pour 'Belzébuth en personne' (*OF* I, 91), vampirisme et diabolisme ne sont que deux motifs parmi tant d'autres. Clarimonde est la femme fatale archétypale, nouvelle 'Cléopâtre' (*OF* I, 97) mais au visage rassurant, rappelée momentanément à la vie par la force du désir refoulé de Romuald qui l'a 'ressuscitée d'un baiser' (*OF* I, 94), telle la Belle au bois dormant, ce qui illustre, par un inversement idéologique curieux, le *topos* de 'l'amour plus fort que la mort' (*OF* I, 93) du *Cantique des Cantiques* que Gautier met dans la bouche de la femme-vampire.

Clarimonde représente l'érotisme et la vie, là où la religion officielle et catholique ne semble sanctionner que la mort et le renoncement. Son caractère est bien humain. Ne semble-t-elle pas être parfois motivée par la jalousie? Faire appeler Romuald pour se faire administrer l'extrême-onction, n'est-ce pas un stratagème, car elle a l'intention de le séduire? Elle n'en reste pas moins le type de la courtisane en mal d'amour. Même en suçant le sang de son amant, elle n'est nullement grotesque et sera finalement rachetée, aux yeux du lecteur, par l'amour qu'elle porte au héros. Le 'sévère Sérapion' (*OF* I, 101), cet 'inexorable prêtre' (*OF* I, 102), doué d'un zèle fanatique, réduit son corps en poussière en l'aspergeant d'eau bénite (non en lui enfonçant un pieu au cœur comme dans les contes de vampires classiques), pourtant son âme survit toujours, pour reprocher à Romuald sa trahison. Clarimonde, douée d'une vie plus que fantomatique, incarne la tentation et la transgression, au point même de mettre en question le bien-fondé d'une religion répressive. La morale conventionnelle de l'œuvre, qui s'inscrit dans le texte comme un *leitmotif* et lui confère l'unité du conte exemplaire, se construit autour de la notion du regard. Romuald constate dès le début du récit:

> Un seul regard trop plein de complaisance jeté sur une femme pensa causer la perte de mon âme; mais enfin avec l'aide de Dieu et de mon saint patron, je suis parvenu à chasser l'esprit malin qui s'était emparé de moi. (*OF* I, 75)

> Oh! que Job a raison, et que celui-là est imprudent qui ne conclut pas un pacte avec ses yeux! (*OF* I, 76)

La révélation de la beauté lumineuse de Clarimonde est explicite à cet égard:

> Ce fut comme si des écailles me tombaient des prunelles. J'éprouvai la sensation d'un aveugle qui recouvrerait subitement la vue. (*OF* I, 77)

Il met de nouveau en valeur cette idée vers le milieu et à la fin de son récit:

> Pour avoir levé une seule fois le regard sur une femme, pour une faute en apparence si légère, j'ai éprouvé pendant plusieurs années les plus misérables agitations: ma vie a été troublée à tout jamais. (*OF* I, 86)

> Ne regardez jamais une femme, et marchez toujours les yeux fixés en terre, car, si chaste et si calme que vous soyez, il suffit d'une minute pour vous faire perdre l'éternité. (*OF* I, 102)

En tirant de la sorte la leçon morale de ses aventures, Romuald est néanmoins sensible à la perte de Clarimonde, qu'il 'regrette encore' et reconnaît que 'La paix de mon âme a été bien chèrement achetée; [...]'. Cet aveu explicite ne fait en réalité que renforcer ce que le texte a déjà montré en créant une équivalence poétique entre les restes du corps de Clarimonde, 'mélange affreusement informe de cendres et d'os à demi calcinés' et, chez Romuald, le vide affectif qui est qualifié de 'grande ruine [...] au-dedans de moi' (*OF* I, 102).

Dans *L'Élixir du diable,* roman foisonnant d'aventures mélodramatiques et d'effets de surnaturel expliqué, le dédoublement de Medardus extériorise le conflit du désir et de la vocation ecclésiastique. Dans *La Morte amoureuse*, récit d'une facture toute classique, qui fait hésiter entre onirisme et fantastique, la lutte s'intériorise, et le double est la création de la subjectivité. Le conflit qui menace de déchirer la personnalité de Romuald et de lui faire perdre son âme est envisagé aussi en termes du 'dualisme chronique'[43] dont est atteint Giglio Fava, héros de la *Princesse Brambilla*. Tel 'le prince double'[44] de cette longue nouvelle d'Hoffmann (il s'agit de frères siamois dont le désaccord perpétuel symbolise la confusion mentale qui règne chez Fava), Romuald est aussi la victime d'une 'vie bicéphale' (*OF* I, 96). Partagé entre sa vie diurne de prêtre de campagne et son existence nocturne de grand seigneur débauché, il n'arrive jamais à savoir si sa 'vie somnambulique' (*OF* I, 75) est rêve ou réalité, au point même de considérer, lors de son séjour à Venise avec Clarimonde, qu'il aurait pu connaître le bonheur parfait 'sans un maudit cauchemar qui revenait toutes les nuits et où je me croyais un curé de village' (*OF* I, 97). En fin de compte, cette 'double vie' (*OF* I, 100) ne peut mener qu'au désespoir et à la pensée du suicide: 'voulant savoir, une fois pour toutes, qui du prêtre ou du gentilhomme était dupe d'une illusion, j'étais décidé à tuer au profit de l'un ou de l'autre un des deux hommes qui étaient en moi ou à les tuer tous les deux, car une pareille vie ne pouvait durer' (*OF* I, 100). Pour dépeindre le phénomène du dédoublement, Gautier exploite en virtuose un champ lexical d'une richesse particulière, faisant dire à son héros, en proie à la fascination de Clarimonde:

> À dater de cette nuit, ma nature s'est en quelque sorte dédoublée, et il y eut en moi deux hommes dont l'un ne connaissait pas l'autre. Tantôt je me croyais un prêtre qui rêvait chaque soir qu'il était gentilhomme, tantôt un gentilhomme qui rêvait qu'il était prêtre. Je ne pouvais pas distinguer le songe de la veille, et je ne savais pas où commençait la réalité et où finissait l'illusion. Le jeune seigneur fat et libertin se raillait du prêtre, le prêtre détestait les dissolutions du jeune seigneur. Deux spirales enchevêtrées l'une dans l'autre et confondues sans se toucher jamais représentent très bien cette vie bicéphale qui fut la mienne. Malgré l'étrangeté de cette position, je ne crois pas avoir un seul instant touché à la folie. J'ai toujours conservé très nettes les perceptions de mes deux existences. Seulement, il y avait un fait absurde que je ne pouvais m'expliquer: c'est que le sentiment du même moi existât dans deux hommes si différents. C'était une anomalie dont je ne me rendais pas compte, soit que je crusse être le curé du petit village de ***, ou *il signor Romualdo*, amant en titre de la Clarimonde.   (*OF* I, 96–97)

Romualdo, âme damnée ou *alter ego*, nature seconde ou *Doppelgänger*, s'oppose à Romuald sur le plan psychologique autant que sur le plan moral. Le récit entier repose sur une série d'oppositions binaires (lumière / obscurité, veille / songe, réalité / illusion, vie / mort, bien / mal, ascétisme / débauche, religion / irréligion), actualisées par le style antithétique du narrateur et par les situations parallèles. De même que le jour s'oppose à la nuit, l'humble presbytère de campagne 'd'une simplicité extrême et d'une propreté aride' (*OF* I, 85), auquel on accède lentement et péniblement sur de simples mules, est la contrepartie morale et psychologique du luxueux palais Concini dans lequel on arrive après une course furieuse sur de magnifiques chevaux 'noirs comme la nuit' (*OF* I, 86), et du grandiose palais de marbre sur le Canaleio qu'on atteint par un galop insensé sur des 'genets d'Espagne, nés de juments fécondées par le zéphyr' (*OF* I, 96). Ces trajets évoquent alors, par la parodie et par le pastiche, les fantastiques chevauchées nocturnes du *Moine* de Lewis et du *Féroce chasseur* de Bürger.

Le texte abonde d'ailleurs en effets poétiques et en contrastes symboliques de ce type. Ainsi, la soutane noire du prêtre, que Romuald qualifie de 'triste suaire' (*OF* I, 81) et Clarimonde de 'funèbre linceul' (*OF* I, 79), fait-elle pendant au 'voile de lin d'une blancheur éblouissante' qui cache à peine 'la forme charmante' (*OF* I, 88) de la courtisane. Clarimonde, aux doigts 'd'une si idéale transparence qu'ils laissaient passer le jour comme ceux de l'Aurore' (*OF* I, 78), aux mains 'plus diaphanes que des hosties' (*OF* I, 89), aux yeux à 'l'éclat phosphorique' (*OF* I, 83), au regard qui 'avait presque la sonorité' (*OF* I, 79) et dont la pâleur mortelle lui fait ressembler à 'une statue d'albâtre' (*OF* I, 88), ou à 'une statue de marbre' (*OF* I, 92), est la créature surnaturelle qui fait déréaliser l'opacité de la matière et qui semble elle-même faite de lumière. Quand Romuald la voit pour la première fois, sa présence engendre à l'église 'une complète obscurité' sur laquelle elle se détache, telle la belle Matineuse éclipsant le soleil, 'comme une révélation angélique', car elle 'semblait éclairée d'elle-même et donner le jour plutôt que le recevoir' (*OF* I, 77). Paradoxalement, cet être, démoniaque aux yeux de Sérapion, et incarnation de l'esprit du Malin selon le vieux Romuald, est figuré tout au long du récit par des images de blancheur, de pâleur et de clarté, au point même d'abolir les lois de l'espace. La voyant pour la première fois, Romuald croit qu'elle est 'si près que j'aurais pu la toucher, quoique en réalité elle fût à une assez grande distance' (*OF* I, 77), motif qui sera repris quelques pages plus loin, comme il quitte la ville en compagnie de Sérapion, dans la description du palais de la courtisane:

Par un singulier effet d'optique, se dessinait, blond et doré sous un rayon unique de lumière, un édifice [...]; quoiqu'il fût à plus d'une lieue, il paraissait tout proche. (*OF* I, 84)

Sous le charme de la femme-vampire à la beauté du Diable, qui jouit d'une existence atemporelle, le protagoniste n'arrive plus à distinguer entre le réel et l'illusoire, et soutiendra, en racontant son histoire, que 'j'ai peine encore à croire que ce fût un démon' (*OF* I, 93).

À l'imitation de *L'Élixir du diable*, le récit prend la forme d'une confession à caractère didactique. Romuald, âgé maintenant de 70 ans, raconte à un interlocuteur anonyme, qu'il désigne comme 'frère', l'histoire de sa vie fantastique. Le récit-cadre, exercice d'auto-justification de la part d'un narrateur qui tient à mettre son narrataire en garde contre les ruses du Diable, empiète sur le récit enchâssé, qui est focalisé en partie par le *moi agissant* du jeune homme et en partie par le *moi racontant* du vieillard. Cette double focalisation crée au cœur du récit un décalage ambivalent à la fois temporel et sémantique. Peut-on, en effet, ajouter foi à un narrateur autodiégétique qui, tout en parsemant son récit de détails qui lui confèrent une certaine plausibilité,[45] n'a jamais pu 'démêler ce qu'il y avait d'illusion et de réalité dans cette aventure bizarre' (*OF* I, 97)? L'ambiguïté foncière du mode narratif[46] porte atteinte à la cohérence morale du récit et met en question le bien-fondé de l'avertissement de la conclusion. Si Romuald n'a pas été, comme il le prétend au début de son histoire, 'le jouet d'une illusion singulière et diabolique' (*OF* I, 75), il existe deux autres possibilités: ou bien il a réellement prolongé l'existence factice de la femme-vampire en lui laissant boire son sang, telle une mère allaitant son enfant,[47] ce qui nous laisse dans le domaine du *fantastique pur*,[48] ou bien il s'agit d'un cas d'aliénation mentale qui nous entraîne vers le *surnaturel expliqué*. De telles ambivalences ont amené Jean Decottignies et Alain Montandon à voir dans ce texte une allégorie des conditions de l'écriture et de l'inspiration littéraire.[49]

Puisant de nouveau dans les modèles étrangers, Gautier s'approprie le manichéisme lewisien, le vampirisme polidorien et le dédoublement hoffmannien, pour renouveler le thème de l'amour au-delà du tombeau, dénué de toute connotation véritablement religieuse, qu'il avait déjà ébauché dans deux récits à tonalité ironique et aigre-douce, *La Cafetière* et

Omphale. La Morte amoureuse, récit polyvalent, passe encore aux yeux de la critique contemporaine pour 'un des plus beaux contes de vampires de tous les temps'.[50] Gautier avait compris cependant que le vampirisme, thème rebattu et restreignant, ne suffisait guère pour l'élaboration d'une œuvre fantastique. Il devait dire, d'ailleurs, dans *La Presse* du 22 décembre 1851 à propos du *Vampire*, drame fantastique de Dumas et de Maquet, que le vampirisme en tant que tel n'avait plus pour lui que 'l'intérêt d'une recherche démoniaque et d'un tableau d'hallucinations' et s'étonnait 'qu'un esprit aussi clair qu'Alexandre Dumas ait été déterrer le héros de son drame dans le charnier des superstitions'. Le motif du vampirisme ne reviendra plus dans l'œuvre fantastique de Gautier.

III
Les Paradis artificiels (1838–1846)

La Pipe d'opium (1838)

Deux ans après la publication de *La Morte amoureuse*, que l'on peut considérer comme le chef-d'œuvre du jeune fantastiqueur, Gautier chercha à renouveler sa manière fantastique, en racontant un rêve d'opium. *La Pipe d'opium* parut d'abord en feuilleton dans *La Presse* du jeudi 27 septembre 1838, fut repris en volume dans le tome III de l'édition originale de *La Peau de tigre* (Hippolyte Souverain, 1852), où le récit occupe les pages 213–243, et entra onze ans plus tard dans les *Romans et Contes* (Charpentier, 1863).

Sans vouloir confondre narrateur et auteur, on ne saurait ignorer le caractère autobiographique d'un récit à la première personne où figurent Alphonse Karr et Adolphe Esquiros, amis de Gautier. Que celui-ci se soit initié à l'opium chez Karr ou non, le texte abonde en souvenirs personnels. L'évocation de la Malibran, morte en 1836, de la mystérieuse M... , qui est peut-être la jeune Marix, maîtresse du peintre Boissard avec lequel Gautier entretenait déjà des relations amicales et qui devait organiser quelques années plus tard les séances du club des haschischins auxquelles Gautier participa,[1] et de 'celle qui disait qu'elle ne voulait pas mourir, et dont le dernier mot fut: Donnez-moi un bouquet de violettes' (*OF* I, 115), allusion probable à la Cydalise, maîtresse de Camille Rogier et aimée de Gautier,[2] témoignent des interférences nombreuses entre la vie et l'œuvre. Il ne faut pas négliger non plus les interférences entre ce texte et les œuvres précédentes: le narrateur emprunte au *Nid de Rossignols* son lexique musical de 'roulades', et de 'colliers de notes plus pures que des perles parfaites', aussi bien que la notion des 'sons filés bien au-dessus des limites humaines' (*OF* I, 116), à *Onuphrius* la course folle du cabriolet sans cocher et la visite à la ville inconnue, et à *La Morte amoureuse* le motif du baiser qui revivifie. Le récit fait ainsi revivre des souvenirs livresques tout en racontant, en la transformant, la vie de tous les jours.

Le texte se présente en même temps comme une enquête sur le rêve opiacé. La drogue n'agit pas immédiatement sur l'esprit du narrateur, qui, après une première sensation d'engourdissement, reprend son train-train journalier en sortant de chez Karr. Le soir, cependant, l'acuité de sa perception du monde extérieur se développe au point où un plafond noir vire au bleu avant de devenir transparent et de réveiller au regard émerveillé de l'observateur des étoiles et des nuages, qui se transforment à leur tour en esprits. De même, le corps d'Esquiros se dissipe devant le regard du narrateur à mesure que les prunelles du premier s'agrandissent démesurément. Transformation de la couleur, dilatation de l'espace, métamorphose des corps, tout s'expliquerait naturellement, selon Karr, ou par le magnétisme, selon Esquiros, qui figurent dans le rêve du narrateur. Celui-ci, en revanche, se croit être dans un état de somnambulisme et s'engage dans un voyage fantastique qui prélude à une aventure sentimentale. Passant à travers un monde dépossédé de sa consistance normale, il arrive dans la ville noire où il embrasse la morte, et reçoit par la suite la visite de la femme au visage multiple, être transparent qui s'appelle Carlotta.[3] Avant que l'idylle amoureuse (qui annonce en effet celle de *Spirite*) puisse se nouer, le rêve s'évanouit. Le récit se termine avec une désinvolture narquoise caractéristique de son auteur. Le narrateur rassure le lecteur quant au caractère anodin de la drogue, qui ne lui laisse 'qu'une vague mélancolie, suite ordinaire de ces sortes d'hallucinations' (*OF* I, 116), qui elle-même, selon une variante de *La Presse*, est vite dissipée par 'le sentiment de la vie réelle'. On est donc loin des textes des grands opiomanes hallucinés dans la tradition de Coleridge, de Quincey, ou d'Alphonse Rabbe. La drogue n'est pas non plus perçue comme instrument de connaissance. Niant à l'opium toute portée métaphysique, Gautier semble prendre ses distances vis-à-vis d'une expérience que l'on effectue par curiosité, et qu'il convient de transposer dans un registre pittoresque, avec force notations visuelles et tangibles de la jeune fille aux pieds transparents et de la morte aux lèvres tièdes et humides.

La Pipe d'opium deviendra à son tour le point de départ d'autres rêveries. La drogue qui permet de s'évader hors du réel, et satisfait un désir éminemment romantique, joue pour Achmet, héros du ballet de *La Péri*, qui fut représenté pour la première fois le 17 juillet 1843, un rôle d'une importance capitale. Dans le compte rendu que Gautier fit de son propre scénario dans *La Presse* du 25 juillet 1843, il explique que c'est à l'aide de l'opium que son protagoniste voudrait 'dénouer les liens qui enchaînent l'âme au corps'.[4] Gautier accorde ainsi à la drogue le pouvoir transcendantal qu'il avait récusé dans *La Pipe d'opium*. Dans la mesure où *La Péri* peut être considéré comme le remaniement de *La Mille et deuxième nuit* (1842), où l'opium ne joue aucun rôle, on peut considérer que l'initiation de l'auteur à l'opium en 1838 et au haschisch en 1843 contribue encore au renouvellement de sa manière fantastique. *Le Charivari* du 1er octobre 1838 publia, sous le titre 'Le Rêve de M. pipophile Gautier', un article burlesque, qui consiste en citations empruntées à *La Pipe d'opium*, entremêlées de remarques railleuses. Gautier, cependant, prendra sa bluette plus au sérieux en l'évoquant dans *La Presse* du 10 décembre 1843, où il en résume les données essentielles, mais en les transformant. L'opium, source du rêve de 1838, deviendra le haschisch dans l'article de 1843, les visions plutôt sentimentales du premier texte cédant à des hallucinations synesthésiques dans le second, et le joli pied transparent de la cantatrice se métamorphose en le talon fétichisé de la danseuse. Il est évident d'ailleurs, sans que l'auteur ait besoin de la nommer, que cette dernière est Carlotta Grisi, personnage bien réel, qui succède à la mystérieuse Carlotta de *La Pipe d'opium*. Le feuilleton du 10 décembre reflète d'ailleurs celui qui avait paru, sans titre, dans *La Presse* du 10 juillet 1843, et qui devait être connu par la suite comme 'Le Hachich'. Dans ce texte, qui se présente comme un échantillon de l'autobiographie de l'auteur, Gautier décrit des métamorphoses plus troublantes et des synesthésies plus extravagantes que celles de *La Pipe d'opium*. Il transposera cette expérience dans le roman épistolaire *La Croix de Berny* (1845), ouvrage collectif où Gautier rédige les lettres d'Edgard de Meilhan.

La Pipe d'opium n'est pas un conte fantastique, ni merveilleux, au sens où le sont les récits publiés jusqu'en 1836. Il s'agit plutôt d'un genre nouveau, mi-reportage, mi-exercice de style, qui recycle les motifs des textes antérieurs dans une perspective personnelle. On retrouvera ce même mélange de documentation et de fantaisie huit ans plus tard, dans un autre récit à caractère autobiographique, *Le Club des hachichins*.

Le Club des hachichins (1846)

C'est dans son étude sur Baudelaire en 1868 (*L'Univers illustré*, 7 mars – 8 avril 1868)[5] que Gautier insista sur l'authenticité de la matière première dont il tira *Le Club des hachichins*, qui avait paru dans *La Revue des Deux Mondes* le 1er février 1846 (V[e] série, t. XIII, 520–535), avant d'être repris dans le tome III de *Partie Carrée* (Hippolyte Souverain, 1851, 188–285) et d'entrer dans les *Romans et Contes* (Charpentier, 1863). Gautier était passé dès 1843 de la pâte brune à la pâte verte, comme en témoigne son feuilleton de *La Presse* du 10 juillet de cette année. Le docteur Jacques-Joseph Moreau de Tours reproduisit d'ailleurs les observations de Gautier à ce sujet dans *Du Haschich et de l'aliénation mentale. Études psychologiques* (Fortin, Masson et Cie, 1845) et révéla qu'il avait lui-même initié l'écrivain à la drogue. Le peintre Joseph Fernand Boissard de Boisdenier avait assisté aux séances de Moreau de Tours, avec Brierre de Boismont, auteur du livre *Des hallucinations* (G. Baillière, 1845), et Alphonse Karr. Ce dernier prétendait aussi avoir expérimenté le haschisch chez J.B.F.E. Ajasson de Grandsagne, en compagnie de Boissard, Gautier, Nerval et l'aliéniste Esquirol. Karr n'assigne aucune date à cette rencontre, mais s'il a raison, Gautier aurait goûté la pâte verte avant 1840, année de la mort d'Esquirol,[6] ce qui paraît fort peu probable. Il est certain cependant que vers 1845 Gautier assista à quelques réunions du club des haschischins organisées par Boissard à l'hôtel Pimodan. Baudelaire, qui avait habité cet hôtel en 1843–1845, n'assista que rarement à ces séances, s'il faut en croire Gautier.[7] Boissard invita Gautier à des *fantasias* qui eurent lieu le 3 novembre et le 22 décembre 1845.[8] Selon toute probabilité, c'est cette dernière, à laquelle assista aussi Balzac, qui figure dans *Le Club des hachichins*.

En rédigeant sa nouvelle, Gautier semble cependant hésiter à parler directement de sa vie personnelle. Là où le texte imprimé évoque l'hôtel Pimodan, le manuscrit conservé à la Collection Lovenjoul ne le nomme pas, comme si Gautier voulait brouiller les pistes. Il cherche aussi dans la version manuscrite à créer une dimension légendaire, se référant à deux reprises à l'idée que Saint-Louis faillît tomber victime des poignards des assassins du Vieux de la Montagne, hypothèse qui disparaît dans la version imprimée. Dans le manuscrit, le narrateur prend ses distances vis-à-vis de l'*Histoire de l'Ordre des Assassins* de Hammer-Purgstall, prétendant au début du chapitre II qu'il n'a pas lu l'œuvre en question, pas plus que son auteur n'a pu écrire l'histoire d'un 'ordre des hatchachins' qui existe encore en 1845. Le texte imprimé garde la référence à 'un ordre de hachichins dont M. de Hammer n'a pas écrit l'histoire' (*OF* I, 176), mais passe sous silence le titre de l'ouvrage, tout en laissant supposer que le narrateur connaisse l'œuvre de l'orientaliste allemand, chez qui Gautier puisa en réalité l'essentiel des renseignements qu'il donne au chapitre II sur le Vieux de la Montagne et sur l'étymologie du mot *assassin*,[9] ainsi que les références manuscrites à Saint-Louis. La légende du Prince des Assassins devait d'ailleurs longtemps obséder Gautier, bien qu'il n'écrivît jamais le *Vieux de la Montagne* prévu dans le contrat qu'il signa avec Paul Delavigne le 22 avril 1845.[10]

Gautier déclara dans son étude sur Baudelaire de 1868 qu'il avait renoncé au haschisch 'après une dizaine d'expériences', car 'le vrai littérateur n'a besoin que de ses rêves naturels'.[11] Il n'en confirme pas moins l'exactitude de l'analyse de la drogue que fait Baudelaire dans ses *Paradis artificiels*, et en des termes qui éclairent le sens du *Club des hachichins*:

> Il spécifie parfaitement bien le caractère propre des hallucinations du haschich, qui ne crée rien, mais développe seulement la disposition particulière de l'individu en l'exagérant jusqu'à la dernière puissance. Ce qu'on voit, c'est soi-même agrandi, sensibilisé, excité démesurément, hors du temps et de l'espace, dont la notion disparaît, dans un milieu d'abord réel, mais qui bientôt se déforme, s'accentue, s'exagère et où chaque détail, d'une intensité extrême, prend une importance surnaturelle, mais aisément compréhensible par le mangeur de haschich, qui devine des correspondances mystérieuses entre ces images souvent disparates.[12]

Ce passage correspond tout à fait au caractère des visions décrites dans *Le Club des hachichins*, où nous retrouvons le même sens de la fusion de l'être et des choses et la perception des synesthésies. Déjà dans le feuilleton de *La Presse* consacré au haschisch le 10 juillet 1843, surgissent les thèmes et motifs essentiels de la nouvelle, depuis le sens de la dissolution et de la perméabilité du corps, jusqu'aux créatures défigurées (mi-humaines, mi-végétales) et aux métamorphoses bizarres (telle la locomotive vivante au cou de cygne), au développement prodigieux de l'ouïe qui engendre des effets synesthésiques, à la dilatation du temps et au dédoublement de la vision. Seule la transposition des langues étrangères sous l'emprise de la drogue ne semble pas être retenue. La richesse de l'article, où Gautier a l'impression de passer par le cauchemar à la folie véritable, fut telle qu'il devint partie intégrante de la littérature nosographique de l'époque.[13] Si l'on peut parler d'un 'cycle de la drogue' chez Gautier,[14] il faut insister sur l'interdépendance des textes qui traitent des paradis artificiels et des récits fantastiques.[15] L'enlèvement de la cervelle à la fin du chapitre VIII (*OF* I, 188) renvoie de toute évidence à *Onuphrius*, de même que 'la mer sans fond de l'anéantissement' (*OF* I, 177) reprend 'les ondes insondables de cette *mer d'anéantissement*' de *La Mille et deuxième nuit* (*RC*, 318). Le recyclage des motifs est, semble-t-il, le propre de l'hallucination aussi bien que de la littérature fantastique.

Aux délices du *kief* succède cependant le cauchemar des espaces infinis et de la destruction du temps, que le texte associe aux images cyclopéennes de Piranèse et à la malveillance de Daucus-Carota, personnage de *La Fiancée du roi* de Hoffmann (et non du *Pot d'or*, comme Gautier le dit par inadvertance). À travers Piranèse s'ébauche toute une mythologie romantique de l'agrandissement de l'image (véhiculée dans d'autres textes de Gautier par John Martin),[16] à travers Hoffmann toute la tradition romantique du fantastique musical.[17] L'âme de Weber s'incarne dans le narrateur, de qui émanent des sons colorés, et Gautier évoquera ce même compositeur dans son étude sur Baudelaire en 1868, pour faire état du lien entre la musique et les *correspondances* verticales aussi bien qu'horizontales:

> Quand on écoute la musique de Weber, on éprouve d'abord une sensation de sommeil magnétique, une sorte d'apaisement qui vous sépare sans secousse de la vie réelle, puis dans le lointain résonne une note étrange qui vous fait dresser l'oreille avec inquiétude. Cette note est comme un soupir du monde surnaturel, comme la voix des esprits invisibles qui s'appellent.[18]

On s'étonne d'ailleurs de ne pas retrouver parmi les noms qui abondent dans *Le Club des hachichins* celui de l'auteur des *Confessions d'un Anglais mangeur d'opium*, qui avait le premier souligné la parenté des grands espaces qui se multiplient chez Piranèse et du rêve opiacé,[19] et de qui Gautier allait écrire: 'Il est peu de poésies, même chez Byron, Coleridge et Shelley, qui dépassent en magnificence étrange et grandiose les rêves de Quincey'.[20]

Dans un récit où Gautier fait entrer tant de ses contemporains, acteurs du théâtre comique (Odry, Alcide Tousez, Arnal, Ravel), personnalités du bal et de l'opéra (Chicard, Musard, Pillet, Vatel), caricaturistes (Daumier, Gavarni), compositeurs (Rossini, Meyerbeer, Félicien David) et d'autres encore à qui il ne prête pas de nom, le docteur (Moreau de Tours?), le peintre (Boissard?), et le *voyant* (Boissard encore?), il entraîne la culture européenne, où Shakespeare, Molière et Goethe côtoient Callot et Goya, les personnages des *Mille et une nuits* et de la *commedia dell'arte*, dans un délire montant, avant que les accords du piano ne mettent fin à la fantasmagorie et que la 'pleine réalité' ne reprenne le dessus, dans une conclusion dont la désinvolture humoristique correspond à celle de *La Pipe d'opium*, où, comme dans un conte de revenant, le jour chasse les fantômes de la nuit.

IV
Pastiche et exotisme (1839-1849)

L'Âme de la maison (1839)

L'Âme de la maison est le premier dans une série de récits, s'échelonnant sur une dizaine d'années, où Gautier cherche à élargir le champ de son inspiration fantastique en puisant dans différentes traditions nationales et dans des genres divers. Contes fantastiques et merveilleux, contes moraux et édifiants, contes de fées et fantaisies, empruntés non seulement à l'Allemagne, mais aux pays scandinaves, à l'Orient des *Mille et une nuits*, et à la Chine. Le plus souvent ces récits se destinent à un public d'enfants aussi bien que d'adultes et s'accompagnent de gravures; sur les neufs textes de ce type que nous identifions pour la période 1839-1849, six paraissent dans une revue mensuelle illustrée, *Le Musée des Familles*.

Destiné d'abord au *Livre d'or*, où le début du récit parut sous le titre *L'Âme de la maison, ou la vie et la mort d'un grillon* dans le premier numéro de cette revue éphémère en août 1839, accompagné de vignettes que Gautier trouva 'charmantes' (voir *CG* I, lettre 161), il ne semble pas que le texte entier vît le jour[1] avant sa publication dans *La Presse* des 13, 14 et 15 novembre de cette année, où Gautier opte pour le titre plus abstrait de *L'Âme de la maison* (voir *CG* I, lettre 168). Réédité sous un nouveau titre, *La Maison de mon oncle*, dans *Le Fruit défendu* (t. I, 1840) et dans le troisième volume de *La Peau de tigre* (H. Souverain, 1852), le récit redevint *L'Âme de la maison* lors de sa publication dans l'édition en un seul volume de ce recueil des récits de Gautier (M. Lévy, 1866).

Comme *Deux Acteurs pour un rôle*, *L'Âme de la maison* semble rester proche de l'inspiration hoffmannienne des premiers récits fantastiques, mais la genèse du conte est complexe. La parenté du texte de Gautier et d'un fragment de récit que Gérard de Nerval avait traduit dans le *Mercure de France* (t. XXXIII, 1831) sous le titre *Le Bonheur de la maison. Maria, fragment*, en l'attribuant faussement à Jean-Paul Richter, ne fait aucun doute. Les opinions des critiques sont cependant partagées sur le problème de la paternité littéraire du *Bonheur de la maison*. S'agit-il, comme le suggère Claude Pichois, d'une œuvre originale de Nerval, ou du moins, comme le suppose Carlo Pasi, d'un texte de Nerval de loin inspiré de Jean-Paul, ou bien, comme le croit Jean Richer, d'une traduction d'un auteur inconnu?[2] Quoi qu'il en soit, il est évident que Gautier s'inspire directement du *Bonheur de la maison* non seulement pour les noms de ses personnages (Berthe, Maria, Jacobus Pragmater) mais encore pour d'autres détails et même pour des épisodes entiers (le départ de l'oncle et la remise à Berthe de la bourse de cuir au chapitre IV, et la mort de Maria au chapitre VI). Jean Richer envisage même la possibilité de l'existence d'une source commune des textes de Nerval et de Gautier, estimant que Gautier aurait pu avoir sous les yeux, au moment de rédiger son conte, l'intégralité d'un texte dont Nerval n'avait reproduit qu'un fragment. On est obligé de rester ici dans le domaine de l'hypothèse, mais il faut reconnaître que ni le fantôme de l'oncle, ni le grillon ne se trouvent dans le texte de Nerval. Chez Gautier on trouve cependant le motif du grillon dès 1832, année où il fit paraître dans *La France littéraire* de septembre la première de deux pièces en vers qui porteront le titre *Chant du Grillon* (voir *HOTG* I, N° 57, et N° 89), et ce ne sont pas les fantômes qui manquent dans la littérature fantastique.

Le chant du grillon, qui incarne symboliquement le bonheur de la maison, comme plus tard dans le célèbre récit de Dickens,[3] marque par sa présence, ou par son absence, les étapes les plus importantes dans la progression dramatique de ce conte imprégné d'une nostalgie suggestive. Le fait que les enfants soient quelquefois capables de comprendre le sens des 'paroles' du grillon (ce qui permet au narrateur de les transcrire), est-il à mettre au compte de l'imagination juvénile (explication rationnelle), ou les enfants sont-ils en effet doués d'un pouvoir de communication quasi-surnaturel (explication merveilleuse)? Le fantôme de l'oncle, qui apparaît au prosaïque Pragmater, lui-même persuadé de la réalité de cette irruption du surnaturel dans le quotidien, est en revanche difficilement explicable et semble nous entraîner dans un univers fantastique. Le sort lugubre des protagonistes, trouve-t-il vraiment son origine dans l'acte cruel de ce même Pragmater, responsable de la mutilation du grillon? Il semble bien que le narrateur prenne au sérieux la notion de causalité surnaturelle, constatant que Pragmater 'joue en cette histoire le rôle de la fatalité antique' (*PT*, 106), et même si le lecteur sait hésiter encore, le récit baigne dans une atmosphère de fantastique indéniable. La servante Berthe, pour sa part, ne doute pas du bien-fondé de la superstition selon laquelle 'le mal fait à un grillon porte toujours malheur' (*PT*, 112). Gautier renoue ainsi avec un procédé classique du conte fantastique, qui consiste à prendre au pied de la lettre les croyances populaires, aussi bien qu'avec la technique plus ambiguë de *La Cafetière* et de *La Morte amoureuse*, où des détails palpables semblent confirmer la réalité de l'aventure onirique.

L'Âme de la maison, quelle que soit sa dépendance vis-à-vis de son modèle, porte l'empreinte du style de Gautier, par ses références artistiques et ses notations pittoresques. La tonalité du récit est cependant plus triste et plus sentimentale que celle des histoires fantastiques antérieures. Il s'agit d'un adieu émouvant, élégiaque, à l'intimité et à la sécurité du foyer, où le fantastique sert à opposer à l'utilitarisme machinal de l'adulte caricatural qu'est Pragmater le lyrisme sentimental des amours enfantines du narrateur et de Maria, indissolublement liés par 'un fluide magnétique' (*PT*, 98). Ayant essuyé, avec la disparition du bon oncle chanoine et de sa bien-aimée, des pertes irrémédiables, le narrateur solitaire et désabusé de ce récit à la première personne, qui s'appelle Théophile, en est venu à faire 'des vers, excellente occupation d'oisif' (*PT*, 133). Il faut sans aucun doute y faire la part de l'autobiographie, comme le suggèrent Jasinski, qui voit en Maria le portrait d'Hélène,[4] et Voisin, qui fait du conte 'une confession à peine voilée'.[5]

Le Chevalier double (1840)

Avec *Le Chevalier double* (1840), Gautier semble encore revenir vers Hoffmann et le romantisme allemand, en abordant de nouveau le thème du dédoublement, ébauché dans *Onuphrius* (1832) et élaboré dans *La Morte amoureuse* (1836). Paru d'abord dans *Le Musée des Familles* de juillet 1840, sous la rubrique 'Contes étrangers', *Le Chevalier double* fut repris à la suite de *Partie Carrée* (Hippolyte Souverain, 1851, t. III), avant d'entrer dans les *Romans et contes* (Charpentier, 1863). Traduit en espagnol, *El Caballero Doble* parut à Madrid dans le *Seminario Pintoresco Español* des 13 et 20 décembre 1840 (deuxième série, quatrième année, t. II, 379–399 et 405–406). Gautier visita l'Espagne de juin à septembre 1840, mais rien ne nous autorise à croire qu'il fût pour quelque chose dans cette traduction madrilène, qui parut sans nom d'auteur. C'est sans doute dans la littérature d'outre-Rhin que Gautier trouva les éléments essentiels de son conte. *L'Élixir du diable* (traduit en 1829) et la *Princesse Brambilla* (traduite en 1830) restent des points de référence importants pour la variation sur le thème du *Doppelgänger* que Gautier propose dans *Le Chevalier double*.[6] Les *Ménechmes* (*Die Doppeltgänger*) d'Hoffmann, traduits dès 1833,[7] traitent des phénomènes du dédoublement psychologique et de la télépathie en évoquant de mystérieuses influences prénatales. Le péché d'intention d'une mère, qui a commis l'adultère dans son cœur, est puni par le Destin, qui fait de son enfant légitime le jumeau du fils de l'homme qu'elle avait désiré. Pourrait-on élucider ainsi l'origine d'Oluf, qui ressemble au chanteur bohémien plutôt qu'à son père présumé, Lodbrog, ou faut-il conclure que le 'terrible secret' d'Edwige (*OF* I, 124) est l'adultère véritable? Le texte reste à cet égard énigmatique. Le maître chanteur anonyme est-il à rapprocher de Klingsohr, personnage au nom symbolique qui paraît dans les *Maîtres-chanteurs* d'Hoffmann?[8] Le symbolisme des étoiles rouge et verte qui dominent la personnalité contradictoire d'Oluf provient peut-être de la lecture du *Titan* de Jean-Paul Richter que Gautier connaissait dans la traduction de Philarète Chasles (Abel Ledoux, 4 vol., 1834–1835).[9] Dans ce roman, où Jean-Paul joue en virtuose du double et de ses analogues, le dualisme qui atteint le bibliothécaire Schoppe se définit selon les couleurs:

> Albano s'enquit du costume qu'il [Schoppe] portait et à sa grande surprise, il apprit qu'il avait de nouveau quitté le vert pour le rouge.
>
> (t. IV, 262)

De même, l'Espagnol, s'écrie à l'approche de Schoppe:

> Mon Dieu! Monsieur êtes-vous donc à la fois derrière et devant moi? Êtes-vous rouge et vert en même temps? (t. IV, 269)

C'est alors que Schoppe, portant un manteau rouge, croit voir son double, Siebenkäs, qui porte un manteau vert, et le choc émotif de l'apparition de celui qu'il prend pour son *vieux moi* l'achève. Il y a loin du roman jeanpaulien, foisonnant de digressions, de coïncidences, d'effets de surnaturel expliqué et de mystères, au petit conte homogène et exemplaire de Gautier, mais la filiation ne fait aucun doute. Par le motif du combat légendaire des deux chevaliers, par son style poétique et par le choix de certains noms (tel Fenris, qui vient de l'*Edda*), *Le Chevalier double* fait penser aussi aux ballades scandinaves et germaniques. La conclusion du récit semble même renvoyer, de façon énigmatique, à une source norvégienne, mais Gautier avait envisagé en janvier 1840 d'appeler son ouvrage 'Oluf le Danois'.[10] Les noms d'Oluf et de son écuyer Dietrich se trouvent déjà dans l'étude sur les 'Chants danois' de Xavier Marmier en 1836.[11] Gautier connaissait certainement la ballade du Seigneur Oluf rapporté par Heine dans son *De l'Allemagne* (Renduel,1835), ouvrage où il devait trouver aussi la légende des Willis, dont il est question dans le troisième paragraphe du *Chevalier double*, et avec laquelle il confectionne *Giselle*, bien que le texte de la ballade ne présente pas d'autres affinités particulières avec le récit de Gautier. Aurait-il pensé plutôt à la ballade danoise insérée par M.G. Lewis dans *Le Moine*, où le démon se transforme en chevalier blanc,[12] ou au *Féroce chasseur* de Bürger, traduit par Nerval dans les *Poésies allemandes* en 1830, avec son chevalier blanc et son chevalier noir? La scène fantastique du duel avec le double, est-elle un souvenir du *Zauberring* (1813) de La Mothe-Fouqué, auteur d'*Ondine*, du *Duel du précipice* (1823) d'Eugène Hugo, repris dans les *Annales romantiques* en 1831,[13] ou bien de *La Métempsycose* (1830) de MacNish, texte dont Gautier se serait déjà inspiré, selon R. Jasinski, dans *Onuphrius* (1832),[14] et où les coups portés à l'adversaire blessent le héros lui-même, comme dans *Le Chevalier double*? Gautier avait certainement dû être frappé par le poème allégorique qui sert de préface à *Madame Putiphar* (Olivier, 1839, 2 vol.) de Pétrus Borel, qui met en scène un trio infernal de cavaliers qui se disputent l'être de l'écrivain, mais plus on multiplie les sources possibles, plus on se rend compte qu'on en est aux poncifs du genre fantastique.[15]

La grande réussite de Gautier est d'avoir su tirer de tant d'éléments disparates un bref récit dramatique qui est une transposition symbolique, à la fois de la lutte du bien et du mal et des processus psychologiques qu'entraîne chez l'individu le phénomène de la socialisation. Le chevalier rouge, qui ne doit son existence qu'aux mouvements de sensibilité d'Oluf, ne jouit d'aucune autonomie et ne fait qu'incarner, sur le plan psychologique, les pulsions du *ça* dont le *surmoi* du protagoniste triomphe dans le duel;[16] sur le plan moral, il s'agit d'un second moi, né du regard maléfique de l'étranger, que le texte désigne finalement comme 'incube' et 'adversaire intérieur' (*OF* I, 132). C'est grâce à l'intervention de Brenda, au regard perspicace et à l'influence bienfaisante, qu'Oluf réussit à opposer à 'l'inégalité fatale de son caractère' (*OF* I, 127), dont il n'est nullement conscient, la bonne conscience du chevalier vert. La façon dont le récit tourne à l'allégorie morale ne doit pas nous étonner, car, dans ce pastiche du merveilleux médiéval, il faut faire la part de la tradition, donc de la portée didactique de la légende, aussi bien que de la modernité, c'est-à-dire de l'exercice de style teinté d'ironie qui met en évidence le caractère parodique et autoparodique de toute écriture.

Il ne s'agit pas ici d'un récit à la première personne à l'allure confessionnelle comme l'étaient *L'Âme de la maison* et la quasi-totalité de ses contes fantastiques des années 1830, mode que Gautier reprendra encore dans quelques récits des années 1840, depuis *Le Pied de momie* (1840), *La Mille et deuxième nuit* (1842), et *Une Visite nocturne* (1843) jusqu'au *Club des hachichins* (1846). Développant les techniques poétiques de distanciation heureusement exploitées dans *Le Nid de rossignols* (1833), Gautier renonce dans *Le Chevalier double* au narrateur-protagoniste, tout en faisant de celui qui raconte plus qu'une simple instance narrative fonctionnelle. La voix qui raconte en style de barde la légende merveilleuse se dédouble dans le dernier paragraphe du récit en un narrateur plus proche du lecteur et de l'auteur, qui qualifie son récit pour la première fois de 'légende de Norvège', apportée par un cygne, 'bel oiseau au bec jaune, qui a traversé le Fiord, moitié nageant moitié volant' (*OF* I, 132). L'auteur prend ainsi ironiquement en charge son texte en attirant notre attention sur son caractère fictif et ses origines mystérieuses.

Par ses répétitions, ses *leitmotifs*, ses questions pour la forme, *Le Chevalier double* est un texte éminemment poétique. On y trouve la même surdétermination sémantique que dans *Le Nid de rossignols*. Le caractère du maître chanteur, par exemple, se dévoile dès le début de l'histoire grâce à l'accumulation de comparaisons antithétiques ('L'étranger était beau comme un ange, mais comme un ange tombé; [...]' (*OF* I, 124)), et d'épithètes inusitées ('Une grâce scélérate, une langueur perfide [...]

accompagnaient tous ses mouvements' (*OF* I, 124); 'l'étranger au doux regard de tigre, au charmant sourire de vipère' (*OF* I, 126)), et à la connivence du décor même, car, lors de l'arrivée de l'étranger sinistre, '[...] le vent frappait à la fenêtre comme un importun qui veut entrer' (*OF* I, 124). Les épithètes de couleur, à force d'être répétées, prennent aussi une valeur de symbole. Le *blanc* et le *rose* témoignent de l'angoisse et de la culpabilité de la triste Edwige qui 'pâlissait comme les lis du clair de lune' et 'rougissait comme les roses de l'aurore' et donne naissance à un enfant 'tout blanc et tout vermeil' (*OF* I, 125). Le *noir* est celui du 'corbeau noir vernissé, luisant comme le jais' qui se tient sur l'épaule du chanteur de Bohême, dont 'le regard noir' se transmet à Oluf (*OF* I, 125), qui possède sous le 'front blanc comme la neige' de la famille Lodbrog 'un œil de jais illuminé des fauves ardeurs de la passion italienne' (*OF* I, 127). Le *brun* et le *blond* renvoient au rapport illégitime qui unit le maître chanteur au 'teint bruni' (*OF* I, 125) et 'la blonde Edwige' (*OF* I, 124), ce qui explique pourquoi 'le fils brun et blond d'Edwige la désolée', pris entre la passion et la haine, désire tantôt les 'blanches vierges du Nord, étincelantes et pures comme les glaces du pôle', tantôt 'les filles d'Italie, dorées par le soleil et blondes comme l'orange' (*OF* I, 127–128). Né sous 'une étoile double, une verte et une rouge, verte comme l'espérance, rouge comme l'enfer' (*OF* I, 126), donc soumis à un double ascendant, Oluf est la victime d'un dédoublement moral qui s'extériorise sous la forme du chevalier vert et du chevalier rouge. Dans un paysage enneigé qu'habite 'la noire terreur' (*OF* I, 129), les chevaliers, tels 'deux noirs forgerons acharnés sur un fer rouge' (*OF* I, 131) doivent se livrer un combat mortel avant que le héros n'arrive à se débarasser de son *Doppelgänger* spectral. Le récit se place alors sous le signe de la réconciliation, signalée par la transformation miraculeuse du regard d'Oluf ('le jais de ses yeux s'était changé en azur' (*OF* I, 132)). Les parents morts se réjouissent du triomphe d'un fils qui 'a enfin vaincu l'influence maligne de l'œil orange, du corbeau noir et de l'étoile rouge' (*OF* I, 132).

Le récit se termine sur l'image du cygne censé avoir apporté au narrateur la légende didactique qu'on vient de lire. Le 'bel oiseau au bec jaune' (*OF* I, 132) s'oppose de toute évidence au corbeau avec 'son bec d'ébène' (*OF* I, 125), qui domine le début du récit. Gautier brode partout des variations sur les connotations morales des couleurs:

Après avoir *allaité* son enfant, son unique occupation était de regarder à travers la vitre la *neige* descendre en flocons drus et pressés, comme si l'on eût plumé là-haut les ailes *blanches* de tous les anges et de tous les chérubins. (*OF* I, 126) [*C'est nous qui soulignons*]

De tels passages, caractéristiques du merveilleux poétique, annoncent clairement le symbolisme chromatique de la *Symphonie en blanc majeur* (*Revue des deux mondes*, 15 janvier, 1849).

Le Pied de momie (1840)

Paru d'abord dans *Le Musée des Familles* en septembre 1840 sous la rubrique 'Contes étrangers', *Le Pied de momie* fait preuve du même goût de l'exotisme et du pastiche que *Le Chevalier double*, mais cette fois la couleur locale a un caractère encore plus désinvolte. Reproduit en 1846 dans *L'Artiste* du 4 octobre sous le titre *La Princesse Hermonthis*, avant de reprendre son titre original dans le tome II de *La Peau de tigre* (Hippolyte Souverain, 1852) et dans les *Romans et contes* (Charpentier, 1863), ce bref récit consacre le mode ironique de Gautier conteur fantastique. Là où le conte exotique *Une Nuit de Cléopâtre*, paru deux ans plus tôt dans *La Presse* (29, 30 novembre; 1, 2, 4 et 6 décembre), témoignait du désir d'encadrer la couleur archéologique dans de somptueuses notations pittoresques, inspirées des travaux de Champollion,[17] *Le Pied de momie* n'est qu'une bluette où l'auteur donne libre cours à sa fantaisie. Le texte du *Musée des Familles* est d'ailleurs orné de gravures humoristiques, représentant le pied, la princesse sans pied, Gautier 'D'après le buste qu'en a fait Dantan le jeune', et, en cul de lampe, une caricature de l'auteur, avec ses cheveux longs et ses babouches orientales, qui passe devant des rangs d'idoles égyptiennes.

Si le motif du pied embaumé qui déclenche la rêverie fantasque du narrateur remonte à un passage du *Voyage dans la Basse et Haute-Égypte* de Vivant-Denon, ouvrage de 1802 qui avait été réédité en 1829,[18] donc à une véritable découverte faite par un savant égyptologue, Gautier traite à la légère l'érudition archéologique, en assignant à sa princesse le nom d'une ville dont il est déjà question dans *Une Nuit de Cléopâtre*,[19] et en faisant accumuler de nombreuses références dont le caractère parodique est évident.[20] Il se livre aussi à l'autoparodie. La frayeur du narrateur à la vue du pied qui s'anime rappelle la sarabande des objets rendus à la vie dans *La Cafetière*; la petite figurine de pâte verte que le narrateur retrouve à la fin du récit, et qui semble garantir l'authenticité de l'expérience onirique,[21] est la contrepartie de la cafetière dans ce même récit et des fils rompus qui semblent confirmer la descente de la marquise de la tapisserie dans *Omphale*; comme Clarimonde, cette autre morte-vivante (*OF* I, 80), Hermonthis a la main 'froide comme une peau de couleuvre' (*OF* I, 147).

Gautier s'amuse aussi à évoquer la tradition du roman fantastique balzacien, pastichant dans les premières pages de son récit, consacrées au magasin du marchand de bric-à-brac, l'épisode du début de *La Peau de chagrin* où Raphaël de Valentin entre chez l'antiquaire méphistophélique, et auquel il emprunte quelques détails descriptifs.[22] Comme chez Balzac, l'assemblage hétéroclite d'objets, venus de tous les pays et datant des époques les plus diverses, crée une atmosphère de dépaysement qui prépare le fantastique. Dans les deux ouvrages, les antiquaires sont dépeints comme des êtres bizarres, voire diaboliques, vivant en marge du monde réel, doués d'une longévité séculaire, détenteurs de connaissances fantastiques, qui cèdent à leurs clients des talismans (peau magique, pied momifié) permettant d'accéder à des univers où les vœux les plus secrets pourront, semble-t-il, être exaucés.

L'accomplissement de désir ne va jamais cependant sans difficultés. Derrière l'humour narquois du narrateur, qui, ayant rendu à la princesse la partie de son corps qui lui faisait défaut, et que le marchand de bric-à-brac n'avait vendu que pour empêcher Hermonthis d'entrer en possession de son intégralité physique, demande le droit de l'épouser, car 'la main pour le pied me paraissait une récompense antithétique d'assez bon goût' (*OF* I, 149), se cachent des réflexions plus sérieuses. En dehors de toute connotation psychanalytique, le thème du membre mutilé représente la quête d'une unité essentielle, qui puisse triompher de la mort. La reconstitution du corps d'Hermonthis lui permet, en effet, de réintégrer les demeures de ses ancêtres et s'effectue sous le signe de la déesse Isis, qui, comme nous le rappelle le Pharaon, 'sut retrouver les morceaux d'Osiris' (*OF* I, 149) et, à partir de son corps démembré, recomposer son être. Le narrateur, qui cherche aussi l'authenticité sous la forme d'un 'objet quelconque qui pût me servir de serre-papier, car je ne puis souffrir ces bronzes de pacotille que vendent les papetiers' (*OF* I, 141), trouve bien chez le marchand une chose dont la valeur artistique et la beauté dépassent celles des objets grotesques qui attirent d'abord son regard. Ce qu'il prend pour un fragment de Vénus antique, un airain fabriqué peut-être par Lysippe même, s'avère être un pied embaumé dont le caractère 'authentique' est mis en évidence par le marchand, qui, une fois revenu du plaisir malicieusement ironique de penser à l'usage banal auquel ce sublime objet doit servir, met le narrateur en garde contre le mécontentement certain du Pharaon, père d'Hermonthis. La possession même du pied de momie constitue un crime de lèse-majesté et le rêve d'amour et d'immortalité que le talisman engendre est voué à l'échec.

Le récit entier tourne autour de la notion de disproportion. Au rêve du voyage dans le temps, à travers 'des corridors d'une longueur interminable', des 'escaliers en spirale', une 'salle si vaste, si démesurée, que l'on ne pouvait en apercevoir les bornes' et des 'profondeurs incalculables' (*OF* I, 147), qui font penser, sans que Gautier ait besoin de les nommer, à Piranèse et à John Martin, s'oppose la plate réalité quotidienne. À coté de la durabilité 'des gigantesques monuments granitiques d'un pays dont le rêve était l'éternité' (*OF* I, 143), de la survivance corporelle de l'Égypte qu'assure la momification, la culture contemporaine n'offre que des plaisirs éphémères, depuis les danses de 'la bayadère Amani' (*OF* I, 144) jusqu'à la contemplation des 'tableaux espagnols de M. Aguado' (*OF* I, 149), que Gautier évoque d'après sa propre expérience.[23] Vraiment, comme le prétend le Pharaon, 'la disproportion est trop forte' pour que le monde moderne puisse récupérer l'ancien. La plénitude de sa beauté retrouvée, la princesse ne laissera alors à son adjuvant que la petite figurine, mémento pittoresque d'une aventure sentimentale irréalisable mais aussi garantie des puissances du rêve où, dit le narrateur, 'Les yeux de mon âme s'ouvrirent, [...]' (*OF* I, 143).

Deux Acteurs pour un rôle (1841)

À l'exotisme égyptien du *Pied de momie* Gautier fait succéder l'année suivante la couleur locale viennoise d'un récit d'apparition diabolique, qui paraît dans la livraison de juillet de la même revue, sous la rubrique 'Fantaisies littéraires': *Deux Acteurs pour un rôle* (*Le Musée des Familles*, t. VIII, juillet 1841, 296–300). Le récit devait entrer par la suite dans l'édition originale de *La Peau de Tigre* (H. Souverain, 1852), t. I, 175–182, et dans la deuxième édition de ce recueil (M. Lévy, 1866).

Gautier renoue dans ce conte avec *Onuphrius*, où il avait déjà fait figurer le diable parmi les persécuteurs du héros, et avec *La Morte amoureuse*, où le thème du double satanique du prêtre de campagne, Romuald, anticipe sur la 'redoutable doublure' (*OF* I, 166) de l'étudiant en théologie, Henrich, qui renonce à la condition de pasteur de village pour devenir acteur, métier où il se fera remplacer par 'le Diable en personne'. Si l'on hésite à prendre tout à fait au sérieux le manichéisme que Gautier devait prôner trois ans plus tard dans un compte rendu du 'vaudeville-légende' de Varin et de Labize, *Les Trois Péchés du Diable*, où il reproche à un siècle sceptique de 'nier l'intervention du diable dans les affaires humaines',[24] on est bien obligé de reconnaître que *Deux Acteurs pour un rôle* s'inscrit dans une tradition de diabolisme littéraire dont le récit constitue un commentaire plus que parodique. Marcel Voisin fait remarquer qu'il n'y a pas chez Gautier 'de diabolisme vraiment gratuit mais plutôt des exorcismes déguisés en badinages à la mode, avec force clins d'œil au lecteur'.[25]

La paternité littéraire du récit ne fait aucun doute. À des réminiscences de Hoffmann et de Goethe, viennent s'ajouter des souvenirs plus récents des *Amours de Vienne* de Nerval, car dans le second chapitre du récit de Gautier ('Le Gasthof de l'Aigle à deux têtes'), il est moins question d'évoquer la cave d'Auerbach dans le *Premier Faust*, celle des Chasseurs dans *Les Aventures de la Nuit de Saint-Sylvestre*, ou bien des scènes de beuverie empruntées à la légende du conteur berlinois, que de broder sur le texte nervalien des variations plaisantes.[26] Tout le décor viennois, depuis le Jardin impérial jusqu'au théâtre de la Porte-de-Carinthie, en passant par l'auberge hoffmannienne, ainsi que le nom de l'héroïne Katy, vient directement de Nerval, et dans la mesure où *Deux Acteurs pour un rôle* remanie en même temps le thème du dédoublement aussi cher à l'auteur de la *Biographie singulière de Raoul Spifame* (1839) qu'à celui de *La Morte amoureuse* (1836) et du *Chevalier double* (1840), les nombreuses interférences textuelles témoignent de l'influence réciproque et de la continuité d'inspiration des deux écrivains amis et collaborateurs.[27]

Gautier fait cependant de son récit en apparence conventionnel une réflexion narquoise sur le métier d'acteur aussi bien qu'une variation plaisante sur les thèmes du *Doppelgänger* et de l'intervention du Malin dans la vie quotidienne. Le désir d'Henrich d'entrer dans la peau des personnages qu'il représente l'amène au point où il confond le double fantomatique qu'il incarne sur scène et son moi véritable, de sorte qu'être en réalité remplacé par celui dont il a endossé le rôle relève de la justice immanente. Le thème du dédoublement psychologique, caractéristique du fantastique romantique, et du romantisme tout court (d'Albert n'avait-il pas, dans *Mademoiselle de Maupin,* souhaité 'vivre de la vie des autres, et s'assimiler une autre nature'?), recoupe ainsi la tradition du double maléfique, présence physique qui annonce la mort, car ce n'est qu'en renonçant à sa 'doublure' qu'Henrich retrouvera la stabilité du monde de tous les jours. Non que Gautier fasse véritablement œuvre de moraliste. L'intervention du Diable sert à assurer à l'acteur, devant l'auditoire frénétique du *Kärntnertortheater,* un triomphe professionnel qu'il n'a nullement mérité, mais au prix de l'extinction de toute ambition ultérieure.

Le dénouement imposera au héros un embourgeoisement parodique, à la manière de *La Cour d'Artus* de Hoffmann. Le désir de la bonne Katy d'être assise à côté de son mari 'près d'un beau poêle de Saxe, dans un parloir bien clos, causant de l'avenir de nos enfants' (*OF* I, 159) sera ainsi réalisé, mais non avant que le narrateur ne se soit approprié, dans l'avant-dernier paragraphe du récit, cette image de l'intimité, pour indiquer, en rappelant ainsi ironiquement les paroles de son protagoniste, qu'au déroulement dramatique et linéaire de l'histoire se superpose la circularité rassurante du conte de fées et du conte moralisateur, car le héros, échappé à l'emprise du Diable, retrouve le bon sens et le bonheur domestique que Katy n'avait cessé de lui recommander. Un récit du *Musée des Familles* se doit d'avoir une conclusion 'familiale' et on se demande si l'auteur n'aurait pas autrement exploité sa matière sous un mode de publication différent. On y retrouve néanmoins les procédés élaborés par Gautier dans ses récits fantastiques des dix années précédentes: création d'un décor riche en notations visuelles et en traits de couleur locale, servant de cadre à l'intrusion brutale du mystère dans la réalité familière; préparation soignée des effets surnaturels par l'emploi de prolepses narratives (l'auberge qui s'appelle *L'Aigle à deux têtes,* pour faire écho au titre du récit et annoncer la vie bicéphale du héros; les inquiétudes de Katy; les lueurs phosphorescentes des yeux de l'inconnu, ses ongles longs ressemblant à des griffes, son rire terrifiant; le retour à la vie normale à la suite d'aventures bouleversantes; le détail-clé des profondes égratignures aux épaules de Henrich (marques de la griffe du Diable?) qui semblent exclure la possibilité de toute explication rationnelle du mystère). Il semble bien alors que *Deux Acteurs pour un rôle* soit à ranger 'dans la classe des récits qui se présentent comme fantastiques et qui se terminent par une acceptation du surnaturel', catégorie que Todorov désigne comme le *fantastique-merveilleux*.[28] Pourtant, le ton badin du narrateur nous tient à distance d'une acceptation sans réserve du surnaturel, et fait croire à un pastiche, voire à une parodie, des diableries traditionnelles. La référence au 'diable en personne' (*OF* I, 165) fait hésiter, pouvant être attribuée à la perception de Henrich plutôt qu'au discours du narrateur, de même que l'emploi du style indirect libre rend ambiguë la constatation que 'La petite croix d'argent de Katy l'avait préservé de la mort [...]' (*OF* I, 166). En ce sens, ne serait-on pas plus proche, comme dans tant de textes de Gautier, du *fantastique pur*, qui, pour Todorov, est marqué par l'incertitude et l'hésitation?[29]

La Mille et deuxième nuit (1842)

Dans son feuilleton de *La Presse* du 6 janvier 1845, Gautier devait constater que 'depuis quelques années l'Orient nous préoccupe comme autrefois l'Angleterre ou l'Allemagne.' En ce qui concerne l'évolution de ses contes fantastiques, l'exotisme oriental est déjà évident dans *Le Pied de momie* (1840), qui s'inscrit dans la suite d'œuvres exotiques d'inspiration égyptienne qui s'échelonnent sur une vingtaine d'années, depuis *Une Nuit de Cléopâtre* (1838) jusqu'au *Roman de la momie* (1858). Le désir de voyager en Égypte, qui devait rester 'à l'état de chimère caressée' jusqu'en

1869,[30] trouve encore un écho dans *La Mille et deuxième nuit* où le récit enchâssé se déroule au Caire médiéval. Le conte parut d'abord dans *Le Musée des Familles* d'août 1842 et fut tout de suite repris par *Le Compilateur* du 31 août, où il paraît sous le titre de *Fin de la Mille et unième nuit*. *La Mille et deuxième nuit*, qui reflète fidèlement l'édition originale, où le titre ne se lisait en fait que dans une illustration où Scheherezade inscrit sur les deux pages d'un livre ouvert 'Fin de la mille et unième nuit' et 'La mille et deuxième nuit'. Le récit ne conservera que le second volet de son titre primitif lors de son passage dans le tome III de *La Peau de tigre* (Hippolyte Souverain, 1852), dans les *Romans et contes* (Charpentier, 1863) et dans la seconde édition de *La Peau de tigre*, qui parut en un seul volume chez Michel Lévy en 1865 (avec le millésime 1866).

Gautier disait en 1870 que sa vision personnelle du Caire avait été 'bâtie avec les matériaux des *Mille et une nuits*' et, plus particulièrement, 'se groupait autour de la *Place de l'Esbekieh* de Marilhat', tableau qui avait exercé sur lui 'une sorte de fascination nostalgique'.[31] Il ne fait pas de doute qu'il se soit inspiré de ce dernier tableau, exposé au Salon en 1834, ainsi que de l'œuvre d'autres peintres orientalistes, tels Dauzats et Decamps, pour certains détails descriptifs de *La Mille et deuxième nuit*,[32] mais les sources picturales sont ici moins importantes que les sources livresques. Bien que *La Mille et deuxième nuit* ne soit calquée sur aucun récit particulier des *Mille et une nuits*, Gautier doit l'essentiel de son histoire aux contes traduits par Antoine Galland dès 1704–1717 et souvent réédités à l'époque romantique.[33] Les interférences les plus frappantes concernent une suite de trois contes des CXXIX^e–CLVI^e Nuits, qui constituent des variantes sur un même schéma narratif, l'*Histoire que raconta le marchand chrétien*, l'*Histoire racontée par le pourvoyeur du sultan de Casgar*, et l'*Histoire que raconte un médecin juif*, auxquels Gautier emprunte le motif du coup de foudre qui suit le dévoilement d'un beau visage féminin, bien qu'il en écarte les dénouements macabres. Il se montre plus sensible à la variante sentimentale de ce schéma dans l'*Histoire d'Aboulhassan Ali Ebn Becar et de Schemselnihar favorite du calife Haroun-al-Rashid* (CLXXXV^e–CCX^e Nuits) et se souvient en même temps des aventures de la princesse Badroulboudour dans l'*Histoire d'Aladin ou la lampe merveilleuse*, où il puise, en le modifiant, le nom de la péri de *La Mille et deuxième nuit*, Boudroulboudor. Ce nom évoque peut-être aussi ceux de Badour dans l'*Histoire des Amours de Camaralazan* et de Boudour dans l'*Histoire du Prince Ahmed et de la Fée Pari-Banou*, et il est évident que c'est à ce dernier récit qu'il emprunte le nom de son héros, Mahmoud-Ben-Ahmed, qui, à partir de la version de *La Peau de tigre* en 1852, vient remplacer le Sidi-Mahmoud des éditions antérieures. Bien entendu, certains éléments du récit de Gautier, comme la rencontre de la femme chez le droguiste et le thème de la métamorphose de la fée qui fait subir à son amoureux humain l'épreuve de la fidélité, sont des poncifs des contes arabes. Gautier évoque d'ailleurs le traducteur des *Mille et une nuits* dans son récit, mais uniquement sur le mode ironique. Scheherezade s'en prend à 'cet imbécile de Galland' pour avoir affirmé qu'après la mille et unième nuit le sultan lui avait fait grâce de sa vie (*RC*, 324), et le récit-cadre effectue une inversion burlesque des rôles traditionnels, de sorte que celle qui avait longtemps donné le modèle des récits propres à déjouer les stratagèmes des tyrans et à retarder la mort, en est réduite à transcrire le texte que lui dicte le narrateur.

La Mille et deuxième nuit ne se donne pas alors comme simple pastiche à la manière des nombreux imitateurs et continuateurs de Galland, mais comme commentaire parodique sur l'activité littéraire. Si, comme le suggère le dénouement volontiers énigmatique, Schariar ne s'est pas laissé envoûter par un texte confectionné par un auteur moderne, c'est sans doute qu'il le trouve insuffisant, hypothèse qui permet à Gautier d'établir une comparaison plaisante entre la cruauté du sultan insatisfait et le goût capricieux d'un public parisien affamé de nouveautés (*RC*, 324). À ce propos, il est intéressant de constater que dans un compte rendu des *Mille et une nuits* des frères Coignard, représentées au théâtre de la Porte-Saint-Martin en 1843 (*La Presse*, 31 janvier 1843), Gautier prête à son propre conte un épisode qui ne se trouve pas dans le texte achevé. Selon le feuilletoniste, Scheherezade aurait demandé en vain à Balzac, à Eugène Sue, à Alexandre Dumas, et à Léon Gozlan, entre autres, de lui fournir une nouvelle, mais seul Gautier 'moins occupé ou plus paresseux' fut à même de la satisfaire. En revanche, Schariar, toujours vigilant et exigeant, n'aurait trouvé aucune satisfaction dans le texte contrefait, et, en découvrant la fraude, aurait coupé la tête à l'infortunée Scheherezade. Certes, le narrateur de *La Mille et deuxième nuit*, journaliste toujours en mal de copie et travaillant à l'improviste, donc nouvelle Scheherezade, ressemble à l'auteur. Les tableaux du logis du narrateur (de Roqueplan, d'Aligny, et des 'quatre inséparables', Feuchères, Séchan, Diéterle et Despléchins), ainsi que ses amis (Karr, Dauzats, Janin), sont ceux de Gautier, qui, comme le 'Je' fictionnel, venait de rendre compte des danses des bayadères,[34] et avait à son service un domestique, Francesco Adolfo Pergialla, qui figure dans le conte.[35]

Le prologue et l'épilogue, si nous pouvons ainsi désigner le récit-cadre, constituent aussi une parodie des récits fantastiques à la mode de 1830. Le narrateur ne manque pas de qualifier l'arrivée des sœurs arabes de 'fantastique', et l'état d'esprit de l'écrivain qui a défendu sa porte contre les visiteurs inopportuns et a fait arrêter la pendule, est propice à l'éclosion d'une aventure qui doit nous transporter du Paris de 1842 au Caire du moyen-âge. Le caractère ludique du texte se fait voir dans l'exploitation des détails prophétiques et équivoques caractéristiques du genre. Dès le second paragraphe, les références à la babouche marocaine et à Mahomet annoncent la suite d'une histoire qui tournera à l'orientalisme. À la dernière page, la supposition désinvolte du narrateur, selon qui Schariar, mécontent du récit qu'on vient de lire, aurait 'fait définitivement couper la tête à la pauvre sultane' semble d'abord nous laisser dans le domaine du *merveilleux*, mais le texte laisse entrevoir aussi la possibilité d'une explication à la manière du *surnaturel expliqué* (la femme qui prétend être Dinazarde n'est peut-être qu'une folle), avant de fournir le détail suggestif du mouchoir taché de sang qui nous ramène en plein *fantastique*. Il est possible que Gautier se souvienne ici du motif de la pantoufle tachée de sang à la fin du récit fantastique de Mérimée, *Vision de Charles XI* (1829),[36] où ce détail semble confirmer le rêve prémonitoire du roi, mais il faut reconnaître qu'un tel procédé narratif, exploité déjà dans *La Cafetière, Omphale, Le Pied de momie*, et *Deux Acteurs pour un rôle*, est un lieu commun du fantastique romantique.

En revanche, le récit enchâssé participe de l'idéalisme de Gautier conteur fantastique. Le thème de l'amour surnaturel traverse ses récits fantastiques depuis *La Cafetière* jusqu'à *Spirite*. Mahmoud-Ben-Ahmed croit d'abord que Leila, esclave en fuite, est une péri, mais plus tard reconnaît en elle Ayesha, fille du calife, avant de comprendre enfin qu'il ne s'agit que de deux incarnations de la fée Boudroulboudour. De telles complications, bien nervaliennes, confèrent au récit encadré le sens d'une pérégrination initiatique qui s'accomplit, au sens littéral, dans le dédale des rues de la ville et, une fois la porte secrète franchie, dans le merveilleux palais souterrain, et, au figuré, dans le cœur du héros, dont la fidélité au surnaturel lui vaudra une félicité incomparable. Mahmoud-Ben-Ahmed, qui se dégage dans son amour pour la péri de 'tout lien vulgaire' (*RC*, 330) est de toute évidence le précurseur du prince Ahmet de *La Péri* (1843), et l'orientalisme pittoresque du conte fournit de nombreux autres éléments au scénario du ballet.[37] Le compte rendu que Gautier fit lui-même de son ballet le 25 juillet 1843, et qui éclaire rétrospectivement l'idéalisme amoureux du conte, prit la forme d'une lettre à Nerval qui se trouvait au Caire.[38] Dans *La Mille et deuxième nuit*, comme dans tant d'autres récits fantastiques ou merveilleux de Gautier, ironie et rêverie se confondent de la façon la plus heureuse.

Une Visite nocturne (1843)

Rangée à juste titre parmi les *Contes humoristiques* dans l'édition posthume des *Jeunes-France* (Charpentier, 1873), *Une Visite nocturne* parut d'abord le 10 février 1843 dans *Les Guêpes*, revue satirique d'Alphonse Karr.[39] Repris le mois suivant dans *Le Compilateur* (10 mars 1843), le conte fut publié pour la première fois en volume dans la seconde édition de *La Peau de tigre* (Michel Lévy, 1866). Ce bref récit fournit un exemple unique dans l'œuvre fantastique de Gautier du merveilleux scientifique utilisé à des fins burlesques.

Le mystérieux ami du narrateur, qui a dépassé les prodiges envisagés par les alchimistes et les hermétiques, en fabricant de l'or, et a réussi à créer 'le poulet à la tête humaine', 'la mandragore qui chante' et 'un homunculus dans un flacon de verre', a aussi appris à voler et cherche maintenant à 'sortir de l'atmosphère terrestre' (*JF*, 340). Gautier mélange ainsi dès le début de cette fantaisie humoristique des références à la littérature fantastique ('la mandragore qui chante' vient de *La Fée aux miettes* de Nodier; 'un homunculus dans un flacon de verre' rappelle le *Second Faust* de Goethe) et au progrès scientifique. L'inventeur excentrique, qui 'disparut si subitement, que je dus croire qu'il était entré dans le mur comme Cardillac' (*JF*, 341) et qui est peut-être devenu la proie de 'l'Oiseau Rock sur les cimes de l'Himalaya' (*JF*, 345), pour reprendre les allusions du narrateur à *Mademoiselle de Scudéry* d'Hoffmann et aux voyages de Sinbad dans les *Mille et une nuits*, est aussi un démiurge scientifique, qui voudrait renouveler la religion, la morale et le gouvernement de l'univers en révélant à l'humanité le secret des voyages aériens. Il est évident que Gautier fait ici la satire des utopistes de son temps, car ce nouveau prophète ailé, avec son casque rempli d'air respirable et sa ceinture gonflée de gaz, prêt à promulguer un nouveau décalogue, décrit 'le nouveau monde que son invention allait nécessiter, avec une richesse de couleurs et d'images à désespérer un disciple de Fourier' (*JF*, 345).

Les obsessions de cet 'ami-volatile' reflètent, en les exagérant, celles d'Onuphrius mais on est loin du récit fantastique de 1832. Le lecteur ne sait plus comment s'orienter dans un texte d'un comique aussi délirant. On ne peut évidemment pas prendre au pied de la lettre le discours ironique du narrateur, pas plus que les prétentions scientifiques de son ami, et il semble donc que le burlesque anéantisse toute possibilité d'interprétation selon les critères de la littérature merveilleuse traditionnelle. *Une Visite nocturne* est en effet un ouvrage doublement parodique, où le narrateur s'en prend plaisamment aux sublimes rêves des phalanstériens en faisant éclater les conventions d'une littérature d'anticipation à caractère grotesque.[39]

L'Oreiller d'une jeune fille (1845)

L'Oreiller d'une jeune fille est un de ces textes que même les gautiéristes les plus indulgents préfèrent passer sous silence, tant il semble relever de la production purement alimentaire. Il est vrai que cette 'bluette moralisatrice',[40] qui fait partie du cycle du *Musée de Familles*, où elle parut d'abord en juin 1845 (t. XIII, 257–260) sous la rubrique 'Lectures du soir', et accompagnée d'une gravure qui dépeint Ninette endormie avec la Vierge et l'Enfant Jésus, est une allégorie morale qui s'adresse aux jeunes filles et qui est d'une mièvrerie à peine supportable pour le lecteur d'aujourd'hui. Les rêves de la blonde, charmante et modeste Ninette, âgée de sept ans, comportent d'ailleurs un symbolisme chrétien tellement didactique qu'il est difficile de croire que l'auteur de *Fortunio* et de *Mademoiselle de Maupin* eût pu les composer, d'autant plus que le récit semble dénué d'ironie. Le dénouement, où nous apprenons que la mystérieuse Javanaise n'est pas une fée, que l'oreiller n'est pas un talisman magique, et que tout ce qui semblait être surnaturel est à mettre au compte de la conscience morale de cette jeune fille, qui 'surpassait en beauté, en transparence, ces délicieux enfants anglais des peintures de Joshua Reynolds et de sir Thomas Lawrence, dont la chair semble faite avec des roses pétries de lait' (*PT*, 21), semble même prôner l'infériorité morale du sexe féminin, au moment où la dame javanaise suggère que Ninette, maintenant adulte et sur le point de se marier, n'a plus besoin de son oreiller (qui n'était que la voix de sa conscience) car elle aura 'un mari qui répondra à toutes vos questions, qui éclairera tous vos doutes' (*PT*, 38). Là finalement on reconnaît la griffe de Gautier!

Le récit nous intéresse néanmoins, non seulement comme un exemple du *surnaturel expliqué*, mais comme une transposition de certains motifs merveilleux empruntés aux contes de fées et que Gautier assujettit aux conventions du conte fantastique. La source principale du récit semble bien être *Le Prince Chéri* de Mme Leprince de Beaumont, conte de fées didactique qu'évoquent à la fois Ninette et la dame javanaise, et dont Gautier transpose les données principales. En dehors des références obligatoires à Perrault et à Mme d'Aulnoy et des constatations d'usage dans ce type de conte édifiant ('les contes de fées, qui sont peut-être les seules histoires vraies' (*PT*, 22)), Gautier s'amuse à nous montrer comment fonctionne le fantastique. La façon dont la dame javanaise exploite la malléabilité de la jeune fille, pour lui faire croire que le surnaturel existe et lui inculquer une leçon morale, correspond à la technique mise en œuvre par le narrateur pour exploiter la crédulité du lecteur et le ramener enfin à la réalité. Le narrateur et son personnage, dont la mauvaise foi et la complicité narratorielle ne se révèlent pleinement qu'à la fin du récit, créent des effets volontiers ambigus. Le visage de la dame est qualifié de 'surnaturel', son regard de 'magnétique', mais ce n'est que 'Dans une époque de superstition' qu'on la prendrait pour 'une walkyrie' (*PT*, 24). Personnage exotique, la Javanaise laisse supposer qu'elle aurait une réputation de sorcière dans son pays natal, où elle traversait les forêts sauvages 'une baguette à la main', ce qui confirme aux yeux de Ninette qu'il s'agit bien d'une fée, bien que celle-ci ne fasse 'aucun signe d'adhésion' et ne dise rien 'pour détromper l'enfant', dont la naïveté appelle un commentaire explicite de la part du narrateur (*PT,* 26). Le lecteur averti ne risque donc pas de tomber dans le piège que l'on tend à la petite, mais le narrateur joue double jeu, semblant accréditer le caractère surnaturel de l'oreiller dans des remarques dont le statut narratif n'est guère évident avant que tout ne reçoive son explication rationnelle à la fin de l'histoire. 'L'oreiller disait vrai, car la Javanaise aux sourcils d'ébène lui avait donné le pouvoir de lire couramment au fond des âmes' (*PT,* 34) est une phrase qui porterait atteinte à la cohérence du récit entier si on ne pouvait l'assigner à la catégorie du style indirect libre, et encore est-on à la limite de la cohérence grammaticale, car on ne sait pas s'il faut attribuer l'énoncé à Ninette plutôt qu'à la Javanaise.

En fin de compte, ce qui engendre ici *l'hésitation*, considérée comme caractéristique du fantastique par Todorov,[41] c'est le désir de la jeune fille, qui rêve d'avoir 'quelque talisman merveilleux comme le miroir magique ou la bague du prince Chéri' (*PT,* 23), donc une certaine prédisposition psychologique, qui est aussi celle du lecteur se laissant mener par la rhétorique d'un conteur qui se complaît à brouiller les pistes et à effacer provisoirement les frontières entre le merveilleux, le fantastique et le réel. Faire d'un récit insipide comme *L'Oreiller d'une jeune fille* une démonstration de la technique du fantastiqueur, voire une allégorie de la création littéraire, c'est sans doute vouloir à tout prix récupérer un texte irrécupérable, mais il nous semble évident que Gautier tient à montrer l'ambiguïté essentielle du genre évanescent qu'est le fantastique, même là où la raison vient finalement tout éclairer et justifier. Conseiller à Ninette de garder, pour sa propre fille, cet oreiller dont l'efficacité narrative dépend du rêve et de l'imagination aussi bien que de la conscience morale, n'est-ce pas aussi une manière de dire que le fantastique est à jamais renouvelable?

Le Pavillon sur l'eau (1846)

Bien que Gautier se soit inspiré dans *L'Oreiller d'une jeune fille* du conte de fées littéraire, dont *Le Cabinet des fées* avait donné l'exemple, il pastichait en même temps le conte moral destiné aux enfants, comme l'avait pratiqué, entre autres, Mme de Genlis, qui considérait que seuls les événements mystérieux ou merveilleux susceptibles d'être expliqués par la raison avaient droit de cité dans la littérature édifiante, théorie qu'elle avait exposée dans *Adèle et Théodore, ou Lettres sur l'éducation* (1782). Gautier cherchait cependant depuis 1840 à renouveler son œuvre fantastique par l'exploitation systématique de la couleur locale. Le 10 janvier 1840, il écrivit au Directeur du *Musée des Familles*, Samuel-Henri Berthoud, à qui il avait déjà remis les manuscrits du *Chevalier double* et du *Pied de momie*, pour annoncer qu'il avait trouvé un sujet pour une troisième nouvelle, qui serait un 'conte chinois', et pour lui demander le volume de *L'Univers pittoresque* consacré à la Chine (il s'agit du volume publié en 1837 par Guillaume Pauthier), car, n'étant pas 'un blagueur littéraire':

> J'ai à lire plusieurs volumes pour me barbouiller de couleur locale, et j'ai besoin de fourrer mon nez dans beaucoup de pots de Japon et autres.
> (*CG* I, lettre 185).

Judith Gautier devait plus tard mettre en évidence la dette de son père envers Pauthier.[42] H. David et J. Richer, en étudiant la genèse de ce texte, ont montré tout ce que l'écrivain doit aux *Contes chinois* traduits par Abel Rémusat et autres en 1826–1827.[43] Il se peut aussi que Gautier ait puisé des éléments de couleur locale dans d'autres contes chinois, traduits par Stanislas Julien, professeur au Collège de France,[44] mais il est clair que pour Gautier 'couleur locale' veut dire, dans le contexte du merveilleux, exotisme, pittoresque et poésie, et non pas vraisemblance. La couleur locale sert non à nous ancrer dans un univers familier, mais à nous transporter dans le monde des rêves. Ainsi, dès son entrée en matière, le conteur cherche-t-il à nous désarmer en prétendant qu'il importe peu de savoir à quelle époque se déroule son histoire, car 'les contes n'ont pas besoin d'une chronologie précise' (*RC*, 353). Sans être un conte fantastique, ni même un conte merveilleux au sens que la critique contemporaine donne à ces termes, *Le Pavillon sur l'eau,* que l'on rangerait volontiers parmi les contes poétiques, genre où, selon Baudelaire, Gautier aurait le plus innové,[45] participe d'une atmosphère d'étrangeté qui frise le surnaturel. La manière de Gautier conteur fantastique y est visible, depuis certaines comparaisons et formules qui estompent les contours des objets et les projettent vers l'au-delà ('vous eussiez juré entendre le chant des oiseaux qu'elle fixait sur le canevas'; 'on eût dit qu'il se souvenait d'une image connue dans une existence antérieure'; 'l'on hésitait entre l'illusion et la réalité' (*RC,* 360, 361, 364)), jusqu'aux grands thèmes et motifs du fantastique gautiériste, dédoublements effectués par des reflets et des jeux d'optique, rêves prémonitoires et prophétiques, dont le parallélisme dépasse l'explication rationnelle, amours prédestinées, platonisme et quête d'une unité originelle, réconciliation des contraires, image de la fusion de la Perle et du Jaspe, qui annonce déjà le dénouement de *Spirite,* et jusque dans la clausule caractéristique, à la fois jeu de mots, clin d'œil autoparodique (la source principale de Gautier est *L'Ombre dans l'Eau,* texte traduit par Davis dans le tome II des *Contes chinois* en 1827) et commentaire désabusé: 'le bonheur n'est souvent qu'une ombre dans l'eau' (*RC,* 369).

L'Enfant aux souliers de pain (1849)

Le pastiche est, de par sa nature même, un exercice de style, mais Gautier ne prend souvent son modèle que comme point de départ. Il en est ainsi de l'adaptation créatrice d'une légende rapportée par les frères Grimm qu'il fit paraître sous le titre *L'Enfant aux souliers de pain* dans *Le Conseiller des Enfants,* N° 1, en octobre 1849. Dans les traductions dont Gautier pouvait disposer à cette époque, le thème de la profanation du pain se trouve dans de nombreuses légendes, mais celle qui semble lui avoir fourni le schéma de son récit, et qui s'intitule, dans la version des *Traditions allemandes* traduites par Theil et publiées en 1838, *Les Souliers de pain. Tradition de la Bohême allemande,* ne consiste qu'en un bref résumé, et les autres qui évoquent la même idée le font encore plus brièvement.[46] A moins que Gautier n'ait eu recours à une autre source qui nous est inconnue, il semble bien que sa petite allégorie féerique sorte autant de sa fantaisie que de cette Allemagne qu'il décrit au début de son récit comme 'un beau pays de légendes et de rêveries, où le clair de lune, jouant sur les brumes du vieux Rhin, crée mille visions fantastiques' (*RC*, 371). Conte moral, exploitant le merveilleux chrétien, parabole même, *L'Enfant aux souliers de pain* emprunte au conte de fées et au conte populaire leurs procédés d'énumération et de répétition, mais n'en porte pas moins la marque de Gautier dans le pittoresque des descriptions et dans la progression inexorable vers le dénouement. La structure narrative, d'une belle circularité (l'*incipit* invitant les auditeurs à écouter une histoire que les grand-mères d'Allemagne content à leurs petits-enfants, l'*excipit* s'adressant aux mêmes jeunes enfants et tirant la leçon morale de l'histoire en termes qui se justifient par le récit qu'on vient d'écouter), fut malheureusement dénaturée par la suppression, lors de la réimpression du conte dans le tome III de *Le Peau de tigre* (Hippolyte Souverain, 1852) et dans les *Romans et contes* (Charpentier, 1863), de cette conclusion intransigeante:

> Enfants qui avez écouté cette légende d'Allemagne, et qui souvent jetez dédaigneusement le pain après avoir mangé les friandises qui l'accompagnent, songez au petit Hans si tourmenté dans son cercueil par les souliers de pain, à la douleur de sa mère qui voyait son enfant arrêté au seuil du paradis, et respectez désormais dans le pain le soutien du riche, le régal du pauvre et le corps de Jésus-Christ.
> (*HOTG* I, 419–420)

Il faut ici, comme dans tant de récits de Gautier, tenir compte du type de publication, donc de la catégorie de lecteur, auxquels le texte se destine. Le merveilleux ne fait que refléter l'idéologie dominante d'un catholicisme bien-pensant qui peut sembler loin des opinions personnelles de l'auteur, mais Gautier est un écrivain protéiforme car il est obligé de l'être. Telle remarque, à propos de la nature 'compatissante aux malheureux' (*RC*, 372), peut paraître maintenant à la limite du supportable, mais on risque alors de moderniser un texte qui exploite le pathétique autant que le surnaturel dans un but précis et de sous-estimer le travail de virtuose qui sous-tend une telle œuvre.

Rien sans doute dans cette dizaine de textes brefs et hétéroclites de ce qu'on pourrait appeler la seconde manière de l'auteur, dont le premier en date est *L'Âme de la maison* (1839), et le dernier *L'Enfant aux souliers de pain* (1849), ne laisse prévoir le renouveau de la manière fantastique de Gautier dans les années 1850. Il reviendra alors vers la thématique et l'atmosphère des meilleures productions de sa jeunesse, depuis *La Cafetière* jusqu'à *La Morte amoureuse*, mais il faut reconnaître que dans les contes exotiques et moralisateurs des années 1840 l'écrivain reste fidèle à la veine fantastique, quelque peu passée de mode, et que le cycle du *Musée des Familles* reflète toujours l'obsession du dédoublement psychologique et moral ainsi que le culte des amours impossibles, constantes de l'imaginaire gautiériste que les textes de l'âge mûr vont approfondir.

V
Idéologie et archéologie (1852-1857)

Arria Marcella (1852)

Dans *Le Moniteur universel* du 17 octobre 1864,[1] Gautier posa à propos de la ville d'Avila, qui 'présente toujours la physionomie intacte du moyen âge', une question pour la forme à laquelle il avait répondu plus d'une fois affirmativement dans son œuvre romanesque: '(...); et qui n'a souhaité, par un désir rétrospectif, vivre un instant dans les siècles évanouis?' Le visiteur marche dans cette ville comme en rêve, 'dans le décor resté en place où des acteurs disparus ont joué le drame de la vie avec des passions et des croyances si différentes des nôtres', tel Octavien dans *Arria Marcella. Souvenir de Pompéi*. Le 'désir rétrospectif', véritable constante de l'imaginaire de Gautier, trouve en effet son expression la plus dramatique dans cette nouvelle parue dans la *Revue de Paris* du 1er mars 1852 et reprise dans *Le Pays* des 24 et 28 août de la même année. *Arria Marcella*, comme plus tard *Jettatura*, reflète le voyage en Italie que Gautier avait fait en 1850. Ce voyage lui valut la série d'articles qui parurent dans *La Presse* en 1850-1851 et dans *Le Pays* en janvier-mars 1852 et qu'il recueillit dans *Italia* (V. Lecou, 1852). Par malheur, on ne trouve ni dans ce volume ni dans l'édition plus complète du *Voyage en Italie* (Charpentier, 1875), le récit de son séjour à Naples dont il fut question dans *Le Pays* du 12 décembre, où le journal annonça, sous le titre *Loin de Paris*, des souvenirs de voyage qui:

(...) entremêlent, aux splendides descriptions de l'artiste, les fantaisies et les aventures de la flânerie humoristique. *Loin de Paris* nous conduira nécessairement à Pise, à Florence, à Rome, à Naples, et nous révélera, par-dessous l'Italie monumentale et pittoresque, l'Italie intime et familière que presque tous les voyageurs ont négligée.

En réalité, Gautier ne donna au *Pays* que ses impressions de Ferrare et de Florence, et ne rédigea jamais les notes sur Rome et sur Naples. En ce sens, l'on pourrait considérer *Arria Marcella,* lors de sa publication dans *Le Pays,* comme la version fictive du chapitre-fantôme sur Naples, qu'il donna, peut-être par acquit de conscience, à ce journal. Bien des années plus tard, Gautier fit paraître, avec Houssaye et Coligny, une plaquette consacrée au palais pompéien que le Prince Napoléon fit construire à l'avenue Montaigne et dont le modèle fut la maison d'Arrius Diomède à Pompéi. On y lit:

> Le jour que Pompéi vit s'avancer le Vésuve en feu, la famille de Diomède se précipita dans la cave de la charmante maison; on a trouvé dix-sept corps, des femmes, des enfants et cette jeune fille dont la gorge s'incrusta dans la cendre, cette beauté antique qui a servi d'inspiration à l'art et à la poésie modernes.[2]

Nul doute que l'on n'envisage ici, en ce qui concerne la littérature, *Arria Marcella* (il est question deux pages plus loin de Gautier et du 'désir rétrospectif') aussi bien que *Les Derniers jours de Pompéi* (1834) de sir Edward Bulwer-Lytton, écrivain évoqué plus tôt dans le texte et dont Gautier s'était inspiré. L'apologie chrétienne du célèbre roman de Bulwer-Lytton, traduit en français dès l'année de sa publication,[3] est loin de l'idéologie païenne du récit de Gautier, mais celui-ci n'aurait pas pu lire la conclusion du roman, qui prend la forme d'un épilogue dû à l'auteur, sans y trouver un stimulus:

> Le sable, solidifié par l'humidité, avait pris les formes du squelette comme dans un moule, et le voyageur peut encore voir l'impression du buste d'une femme jeune et fraîche; c'était la malheureuse Julie![4]

La belle et hautaine Julia est sans doute pour quelque chose dans la création d'Arria, personnage que Gautier avait envisagé d'appeler Pompéia ou Mammia Marcella, s'il faut en croire les titres que prône la *Revue de Paris* avant la publication d'*Arria Marcella.* On notera que Bulwer-Lytton avait déjà mis en scène le père, Arrius, qui figure aussi dans la nouvelle de Gautier.

La maison d'Arrius Diomède avait fait une forte impression sur les écrivains depuis Chateaubriand;[5] chez Gautier souvenirs de voyage personnels et souvenirs livresques et artistiques s'interpénètrent. On sait tout ce qu'il doit au *Voyage à Pompéi* de l'abbé Romanelli (traduit en français en 1829), aux magnifiques volumes illustrés des *Ruines de Pompéi* (1824–1838) et au *Palais de Scaurus* (1819) de François Mazois, à la Préface que fit Nerval pour sa traduction du *Second Faust* (1840), au *Temple d'Isis. Souvenir de Pompéi* (1845) ou à *L'Iseum. Souvenir de Pompéi* (1847) du même Nerval, au *Corricolo* d'Alexandre Dumas (1843),[6] ainsi qu'aux peintures de Bruloff, de Guérin, de Gérôme, et de Chassériau, dont il est question dans ses articles de presse,[7] et à *La Fiancée de Corinthe* de Goethe.[8] Il semble cependant que toutes ces sources ne fassent qu'appuyer les notions capitales du 'désir rétrospectif', qui remonte aux premiers contes fantastiques, et de 'l'impalpable royaume où s'envolent les divines créations des poètes et les types de la suprême beauté', qu'on trouve déjà dans *Mademoiselle de Maupin*,[9] et dont *L'Imagier de Harlem* (1851) de Nerval et de Méry avait donné un exemple récent.

Il faut néanmoins reconnaître que dans *Le Corricolo* de Dumas, à qui Gautier fit de nombreux emprunts, l'idée de la rétrospection est élaborée ainsi à propos d'une citation de Pope:

'Nous faisons voile sur le vaste océan de la vie. La Raison est la carte; la Passion est le vent.' Cela s'appelle la science rétrospective.[10]

Gautier dut être frappé par cette formule, qui résumait ses propres préoccupations esthétiques et sentimentales, et plus encore par la figure de rhétorique qu'employa Dumas pour rappeler à ses lecteurs, lors de sa visite au Musée de Naples (chapitre XLI), le fragment de terre durcie portant l'empreinte d'un 'magnifique sein de femme' qu'il avait décrit dans le récit de sa visite à Pompéi (chapitre XXXVII):

(...) le morceau de cendre coagulée qui conserve la forme du sein de cette femme retrouvée dans le souterrain d'Arrius Diomède (...).[11]

Gautier évoquera à son tour 'un morceau de cendre noire coagulée portant une empreinte creuse' (*OF* I, 199), en décrivant la visite des trois jeunes voyageurs français au même musée, et en fera un talisman, moteur de l'expérience fantastique d'Octavien.

'Trois jeunes gens (...) visitaient l'année dernière le musée des Studj, à Naples, (...)', lit-on dans la première phrase du récit. On est déjà à mi-chemin entre le conte folklorique, où le chiffre trois est d'une importance particulière (on pense aux trois jeunes rapins de *La Cafetière*), et la nouvelle réaliste dûment ancrée dans le temps (l'année dernière se rapproche pourtant du présent éternel des romanciers) et dans l'espace (mais Naples est aussi une ville quasiment mythique). Trois jeunes gens: Fabio, le voluptueux apôtre de l'amour naturel; Max, plus pragmatique encore, pour qui l'amour se réduit à des stratagèmes; et Octavien, le plus jeune, le plus idéaliste, rebuté par le prosaïsme du monde moderne et se réfugiant dans le rêve avec son sérail imaginaire de belles dames du temps jadis (voir *OF* I, 208–209). C'est l'inadaptation foncière de ce dernier à la vie réelle qui le prédispose à l'aventure onirique, mais au fur et à mesure que le rêve s'épanche dans le quotidien, il est évident que le héros a pour complice un narrateur complaisant, sorte de double, mais plus âgé, plus sophistiqué, et qui s'efforce de remettre la rêverie juvénile dans un contexte philosophique et esthétique qui puisse la justifier. Tandis qu'Octavien s'absorbe dans la contemplation du morceau de lave en forme de moule qui conserve l'empreinte du sein au 'contour charmant', le narrateur, doué de 'l'œil exercé d'un artiste', s'extasie à son tour sur la survie de ce bel objet et ébauche une théorie de la pérennité providentielle de la beauté, qui annonce clairement la doctrine du célèbre poème *À Monsieur Théodore de Banville; réponse à son odelette* (1857), qui prendra à partir de 1858 le titre de *L'Art*:

> Grâce au caprice de l'éruption qui a détruit quatre villes, cette noble forme, tombée en poussière depuis deux mille ans bientôt, est parvenue jusqu'à nous; la rondeur d'une gorge a traversé les siècles lorsque tant d'empires n'ont pas laissé de trace! Ce cachet de beauté, posé par le hasard sur la scorie d'un volcan, ne s'est pas effacé.   (*OF* I, 199)

Le discours du narrateur prépare soigneusement l'éclosion du fantastique, d'abord de façon explicite:

(...) nous n'écrivons pas des impressions de voyage sur Naples, mais le simple récit d'une aventure bizarre et peu croyable, quoique vraie.

(*OF* I, 200)

Il se livre néanmoins dans les paragraphes suivants à des descriptions tout à fait caractéristiques du récit de voyage, mais en les embellissant de références culturelles bizarrement mélangées. Le train passe par Portici ('rendu célèbre par l'opéra de M. Auber')[12] et d'autres villages, qui, à cause de la proximité de 'la grande forge de Vésuve', ont 'quelque chose de plutonien et de ferrugineux comme Manchester et Birmingham' (*OF* I, 200). Cette juxtaposition de références à la vie contemporaine et à la mythologie prépare, de façon implicite, la réaction des trois voyageurs arrivant à la 'station de Pompéi', tout déconcertés par ce mélange 'd'antique et de moderne' (*OF* I, 200).

Les descriptions servent d'ailleurs souvent dans la littérature fantastique à créer une atmosphère ambiguë. À 'la ville morte' du deuxième paragraphe de la nouvelle succède 'la ville ressuscitée' du treizième, où, sous le soleil de Naples, les couleurs et les objets 'paraissent plutôt appartenir au monde du rêve qu'à celui de la réalité' (*OF* I, 201). De même, la description des collines 'aux lignes ondulées et voluptueuses comme des hanches de femme' (*OF* I, 201) anticipe sur l'érotisme de la rencontre avec Arria Marcella dans cette ville 'qui avait pour patronne la Vénus physique'.[13] La stupéfaction d'Octavien devant les ruines de Pompéi le fait déjà agir comme un 'somnambule' (*OF* I, 201), et sa riposte désinvolte à Fabio ('Peut-être y a-t-il du nouveau sous la lune' (*OF* I, 203)) constitue encore une anticipation.

Le narrateur insiste sur les rapports paradoxaux que doivent entretenir le songe et la veille dans une ville où l'on passe à tout moment 'de la vie antique à la vie moderne', cite Goethe sur la façon dont les anciens décoraient 'des images de la vie les sarcophages et les urnes' (*OF* I, 201), et oppose aux lugubres cimetières des chrétiens les beaux monuments funéraires des païens, qui 'semblent se rattacher encore à la vie' (*OF* I, 204). Le lecteur ne s'étonnera donc pas, dans une ville où un jeune joueur de flûte pourrait descendre 'en droite ligne du flûteur qui précédait Duilius' (*OF* I, 207) (il s'agit d'un consul romain du 3e siècle avant Jésus-Christ), qu'un jeune homme en proie à 'une passion impossible et folle pour tous les grands types féminins conservés par l'art ou l'histoire', qui, tel Faust épris d'Hélène, 'aurait voulu que les ondulations des siècles apportassent jusqu'à lui une de ces sublimes personnifications des désirs et des rêves humains', qui tombe amoureux des statues, et qui a cherché à entrer en contact avec une belle Romaine dont '[l']épaisse chevelure nattée, exhumée d'un tombeau antique, l'avait jeté dans un bizarre délire', soit disposé, à la vue d'un nouvel objet-fétiche qui excite chez lui 'des élans insensés vers un idéal rétrospectif', à recommencer l'expérience, à 'sortir du temps et de la vie', et à 'transposer son âme au siècle de Titus' (*OF* I, 209).

Faut-il donc assigner tout ce qui va se produire à la catégorie des désirs pris pour la réalité, aux pulsions de l'inconscient? Le narrateur ne nie pas que son personnage se laisse aller volontiers à l'ivresse poétique, mais constate que c'est sans en être conscient qu'il pénètre de nouveau dans 'la ville morte', baignée maintenant d'un 'jour nocturne' (oxymore qui assure la transition poétique entre la clarté ensoleillée de la visite touristique et l'expérience fantastique qui se prépare), comme si 'Les génies taciturnes de la nuit semblaient avoir réparé la cité fossile pour quelque représentation fantastique' (*OF* I, 210). C'est en faisant accumuler les détails proleptiques, en recourant à un style poétique qui fait déjà basculer dans le rêve, en employant le terme même de 'fantastique', que le narrateur nous transporte inéluctablement dans un univers défamiliarisé, tout en se gardant d'accréditer 'les idées extravagantes' (210) de son héros. Comme souvent chez Gautier, le style indirect libre nous fait déboucher sur l'équivoque. Persuadé qu'il ne rêve pas, qu'il n'est ni fou, ni victime d'une hallucination, Octavien se lance dans le 'prodige inconcevable' qui 'le reportait, lui, Français du dix-neuvième siècle, au temps de Titus, non en esprit mais en réalité' (212), envisage la possibilité que le désir engendré par la 'cendre moulée' puisse se satisfaire (213), constatations toutes subjectives que le narrateur, qui nous détourne constamment du présent de la diégèse vers le présent de la lecture avec des références à la vie contemporaine, à Ingres (212), au diorama (213), au Naples 'd'aujourd'hui' (214), ne prend nullement en charge.

Octavien accepte pleinement que le temps est 'sorti de son ornière'[14] pour lui amener sa 'chimère rétrospective' (218), et explique son voyage extra-temporel par le magnétisme. Le narrateur, plus sceptique, n'en accepte pas moins 'l'idée d'évocation amoureuse' exprimée par Arria Marcella, rappelée à la vie par la force du désir d'Octavien. En qualifiant les idées philosophiques d'Octavien, qui embrassent la doctrine énoncée par la Pompéienne, de 'croyances que nous ne sommes pas loin de partager' (221), le narrateur se livre à des réflexions plus ou moins calquées sur la Préface que Nerval avait écrite pour sa traduction du *Second Faust* (1840):[15]

> En effet, rien ne meurt, tout existe toujours; nulle force ne peut anéantir ce qui fut une fois. Toute action, toute parole, toute pensée tombée dans l'océan universel des choses y produit des cercles qui vont s'élargissant jusqu'aux confins de l'éternité. La figuration matérielle ne disparaît que pour les regards vulgaires, et les spectres qui s'en détachent peuplent l'infini. Pâris continue d'enlever Hélène dans une région inconnue de l'espace. La galère de Cléopâtre gonfle ses voiles de soie sur l'azur d'un Cydnus idéal. Quelques esprits passionnés et puissants ont pu amener à eux des siècles écoulés en apparence, et faire revivre des personnages morts pour tous. Faust a eu pour maîtresse la fille de Tyndare, et l'a conduite à son château gothique, du fond des abîmes mystérieux de l'Hadès. Octavien venait de vivre un jour sous le règne de Titus et de se faire aimer d'Arria Marcella, fille d'Arrius Diomèdes, couchée en ce moment près de lui sur un lit antique dans une ville détruite pour tout le monde. (*OF* I, 221)

Nous ne citons ce beau passage que pour montrer encore comment, dans la dernière phrase, la conception poétique même semble forcer l'adhésion du narrateur, et donc requérir l'assentiment du lecteur, à l'aventure fantastique. En fait, le narrateur n'est pas entièrement de bonne foi, car il assigne cette aventure à 'l'hallucination' dans l'avant-dernier paragraphe du récit. Grâce à la formule d'exorcisme prononcée par le père répressif, Arria est à nouveau réduite en cendres, et, à la suite des 'merveilleuses aventures de la nuit' qui l'empêchent de 'reprendre le sentiment de la vie réelle', Octavien gardera de cette perte irrémédiable un souvenir indélébile:

(...); l'image d'Arria Marcella le poursuivait toujours, et le triste dénouement de sa bonne fortune fantastique n'en détruisit pas le charme.

(*OF* I, 225)

Paradoxalement, ce sont les termes 'fantastique' et 'merveilleux' qui nous ramènent à la réalité, réalité à la fois générique (on vient de lire un conte fantastique ou merveilleux qui n'en est pas un) et bourgeoise (le héros épouse une Anglaise qui le soupçonne d'aimer ailleurs mais n'arrive jamais à percer l'origine de son obsession). Le dénouement est également chargé de représenter l'opposition de l'épicurisme païen et de l'ascétisme chrétien. Par une juxtaposition subtile, Gautier fait coïncider l'exorcisme de l'année 79 et le tintement de l'Angélus, de sorte que la mort d'Arria Marcella et l'évanouissement d'Octavien se réalisent sous le signe de la pérennité d'une religion qui chasse les démons de la sexualité comme le jour chasse les fantômes de la nuit. Le recours à une explication rationnelle du mystère par le rêve et le somnambulisme ne porte pas cependant atteinte à l'idéalisme esthétique qui sous-tend ce récit, qui reprend certains motifs des contes antérieurs en les approfondissant. La formule du 'premier et dernier amour' (218, 222), prolongeant la clausule de *La Cafetière*, fait d'Octavien le héros typique des récits fantastiques de Gautier, de même que le bras 'froid comme la peau d'un serpent' et le vin 'd'une pourpre sombre comme du sang figé' (221) font d'Arria Marcella le successeur de la vampirique Clarimonde, et le voyage dans le temps fait écho au *Pied de momie*.

Le recyclage de tels éléments se fait cependant dans un texte plus dense et poétique, plus riche en références culturelles et en réflexions philosophiques que les récits fantastiques publiés jusque-là. Le texte n'est pas dénué d'humour mais le comique n'y est plus subversif[16] comme dans certains contes des années 1830 et 1840, et l'ensemble prend des allures de confidence, voire de profession de foi. *Arria Marcella* marque un tournant dans la manière fantastique de Gautier et sert de transition aux trois longues nouvelles fantastiques (*Avatar*, *Jettatura* et *Spirite*), où il posera de façon encore plus saisissante la question de l'intégrité de la personnalité, du corps et de l'âme, et montrera comment, dans le récit en prose, il en est venu à absorber toutes les qualités de la littérature narrative d'imagination. La résurrection intégrale, quoique provisoire, de l'antiquité, exauce d'ailleurs le désir exprimé par Bulwer-Lytton:

> [...] de repeupler de nouveau ces rues désertes, de réparer ces ruines gracieuses, de rendre la vie à ces squelettes qu'il lui a été donné de voir, de traverser en un mot le gouffre de dix-huit siècles et d'appeler à une seconde existence.... la Ville des Morts![17]

Ce rêve, qui se réalise à travers la sensibilité toute romantique et nervalienne d'Octavien, rappelle aussi les remarques de Gautier sur le théâtre historique de Dumas *père* dans *La Presse* du 22 février 1847:

> (...); l'étude des caractères, la reproduction des types y tient une grande place. C'est une espèce d'évocation magique du passé, où ce que les yeux ont vu et ne reverront plus, se relève un moment de sa tombe d'oubli, et apparaît avec les couleurs d'une vie fantasmatique.
>
> (*HAD* V, 46)

Gautier fera aussi du théâtre, où Rufus Holconius entraîne Octavien pour voir la *Casina* de Plaute, le lieu de rencontre du héros et de son fantasme. La pièce constitue en quelque sorte une mise en abyme du récit.[18]

Le Roman de la momie (1857)

Paru en vingt-et-un feuilletons dans *Le Moniteur universel* des 11, 12, 13, 14, 18, 19, 20, 26, 27, 28, 30 mars, des 2, 3, 8, 15, 17, 23, 24, 29, 30 avril, et du 6 mai 1857, avant de reparaître en volume chez Hachette en 1858, *Le Roman de la momie* appartient à la fois au cycle des contes antiques, tels *La Chaîne d'or* (1837), *Une Nuit de Cléopâtre* (1838), *Le Roi Candaule* (1844), où Gautier raconte des histoires d'amour obsessionnel dans de somptueux décors, et, plus particulièrement, à la variante archéologique de ce cycle que représentent *Le Pied de momie* (1840), et *Arria Marcella* (1852).

Le titre même du roman rappelle le récit fantastique de 1840, dont il reprend quelques détails descriptifs,[19] mais, par sa thématique et son affabulation romanesque, *Le Roman de la momie* fait penser plutôt à la nouvelle de 1852. C'est encore le thème de l'amour impossible engendré par le 'désir rétrospectif' *(RoM*, 188), expérience tout aussi traumatisante pour Evandale, qui, 'rétrospectivement amoureux de Tahoser, fille du grand prêtre Pétamounoph, morte il y a trois mille cinq cents ans' (*RoM*, 342) ne se marie pas, que pour Octavien, qui se marie en désespoir de cause, mais ne se débarrasse jamais de son 'amour rétrospectif' (*OF* I, 206) pour 'Marcella, fille d'Arrius Diomèdes, affranchi de Tibère' (*OF* I, 225). Le thème de la réversibilité du temps appelle dans les deux récits les mêmes références culturelles. Il semble à Evandale, entrant dans le tombeau, comme pour Octavien, voyant pour la première fois Arria Marcella (*OF* I, 218), que 'la roue du temps était sortie de son ornière' (*RoM*, 173). Il s'agit pour Octavien de 'faire reculer le temps, et passer deux fois la même heure dans le sablier de l'éternité' (*OF* I, 213), de même que pour Evandale 'Une main invisible avait retourné le sablier de l'éternité, et les siècles, tombés grain à grain comme des heures dans la solitude et la nuit, recommençaient leur chute' (*RoM*, 173). La moulure du pas dans la poussière au seuil du tombeau dans *Le Roman de la momie* nous vaut aussi une référence shakespearienne (*ibid.*) déjà mise en service dans *Arria Marcella* (*OF* I, 202), et rappelle de façon évidente le creux formé dans le morceau de lave refroidie par le corps de la jeune Pompéienne. C'est ce beau sein pétrifié qui déclenche la rêverie du héros et ressuscite la ville morte de Pompéi, de même que dans *Le Roman de la momie* le beau corps embaumé et le papyrus mystérieux transportent le jeune lord en imagination dans l'Égypte pharaonique. Dans *Le Roman de la momie*, le narrateur laisse envisager la possibilité qu'Evandale, devant 'cette beauté que le néant n'avait pas voulu détruire', fût capable d'entrer en communication avec la belle morte 'par sa pensée sympathique' (*RoM*, 189), remarques qui rappellent le 'secret magnétisme' qu'évoque Octavien et s'inspirent visiblement du célèbre passage d'*Arria Marcella* où il est question de la survivance de la 'figuration matérielle' des êtres disparus, grâce au pouvoir de l'évocation amoureuse, car 'Quelques esprits passionnés et puissants ont pu amener à eux des siècles écoulés en apparence, et faire revivre des personnages morts pour tous' (*OF* I, 221).

On verra alors, pour ce qui concerne la structure générale des récits, que dans la nouvelle pompéienne la fonction du rêve, ou 'hallucination' (*OF* I, 225), équivaut à celle du papyrus déchiffré dans le roman égyptien, où on lit la tragique histoire de Tahoser, tiraillée par son double amour pour le Pharaon et l'Hébreu Poëri. Les deux ouvrages témoignent aussi de l'importance croissante pour Gautier de la couleur locale et de la couleur historique pour vraisemblabiliser des récits à la limite de l'acceptable. Dans le Prologue, qui constitue le premier cinquième du roman, on nous fait assister au drame de la découverte de la tombe, au décartonnage et au démaillotage de la momie. L'auteur y prend soin de camper ses personnages stéréotypés dans un décor qui participe à la fois de l'exotisme et du réalisme. Les aspects quelque peu caricaturaux du rusé entrepreneur grec (Argyropoulos), du studieux philologue allemand, méticuleux et ambitieux (Rumphius), du richissime aristocrate britannique, beau, cultivé, dédaigneux, flegmatique, pourtant sensible et en fin de compte dandy excentrique (Evandale), s'en trouvent amoindris par des descriptions saisissantes de la vallée des Rois (Biban-el-Molouk) et de la descente dans le tombeau. Les références, dès la première page, à des égyptologues célèbres (Champollion, Rossellini, Wilkinson, Lepsius, Belzoni) constituent en même temps des effets de réel évidents et des garanties d'authenticité dans une œuvre poétique où l'auteur se réclame de l'exactitude archéologique.[20] La dédicace, où Gautier reconnaît généreusement sa dette envers Ernest Feydeau, qui lui fournit une documentation abondante sur l'Égypte ancienne, sert aussi à persuader le lecteur du bien-fondé d'un ouvrage à mi-chemin entre l'histoire et le roman, où l'auteur n'aurait fait que réunir par son style, 'comme par un ciment de mosaïque', les 'pierres précieuses' (*RoM*, 149 [*Préface*]) de l'érudition et de la bibliothèque de son contemporain. Les critiques se sont d'ailleurs longuement penchés sur les sources littéraires et picturales du *Roman de la momie*, parmi lesquelles on compte un ouvrage de Feydeau lui-même, *Histoire des usages funèbres et des sépultures chez les peuples anciens* (Gide, 1856–1861), enrichi d'une quarantaine de belles gravures de Prisse d'Avennes; Gautier avait donné un compte rendu élogieux du tome I de cet ouvrage, consacré à l'Égypte, dans *Le Moniteur universel* du 31 octobre de la même année.[21]

On ne prétendra pas pour autant que *Le Roman de la momie* soit un récit fantastique au sens conventionnel, où rêve et réalité se confondent, bien que ce soit l'histoire d'une obsession dont les conséquences sont évidentes pour la vie quotidienne de lord Evandale. Il ne fait pas de doute cependant que dans le récit enchâssé le merveilleux ait finalement le beau rôle. Gautier ne se limite pas d'ailleurs dans les chapitres XV–XVII au merveilleux biblique, consacré par la tradition, avec la transformation du bâton d'Aharon en serpent, les plaies d'Égypte, et le passage de la mer Rouge, mais puise aussi au merveilleux païen, en accordant aux prêtres égyptiens des pouvoirs en apparence surnaturels, quoique inférieurs à ceux de Jéhovah. Tout l'art de Gautier consiste ici à dépayser le lecteur par le moyen de descriptions éblouissantes et à exploiter la distanciation accomplie pour imposer aux données historiques une orientation magique. Déjà dans le Prologue, on nous fait savoir que l'Égypte est 'un monde démesuré', qui 'ne peut rien faire que d'éternel', et devant lequel la civilisation moderne n'est peut-être 'qu'une décadence profonde' (*RoM*, 152; 164; 184). En s'approchant du sarcophage, Evandale éprouve une impression singulière, de sorte que 'la notion de la vie moderne s'effaça chez lui' et 'L'histoire était comme non avenue: Moïse vivait, Pharaon régnait [...]' (*RoM*, 173). Si la belle Tahoser n'est ni la morte-vivante ni la morte amoureuse si caractéristiques des récits fantastiques de Gautier, elle garde au moins une existence corporelle, et 'malgré tant de siècles écoulés, toute la rondeur de ses contours, toute la grâce souple de ses lignes pures' (*RoM*, 186). Même ensevelie dans son cartonnage à masque doré, elle ressemble, à en croire l'oxymoron du narrateur, à 'un spectre matériel', dont l'âme, toujours sensible, subsiste encore 'au delà des mondes, dans le cercle de ses voyages et de ses métamorphoses' (*RoM*, 181; 182). Roman de l'extériorité par ses descriptions d'une historicité écrasante et roman de l'intériorité par la fantasmatisation de la nécrophilie, *Le Roman de la momie* met en scène deux personnages en mal d'amour éminemment romantiques par leur recherche de l'absolu: le pharaon, victime du culte de l'éternel, et le lord, travaillé par le désir de l'au-delà.

Chassez le fantastique, il revient au galop.

VI
Sorcellerie et psychiatrie, ou le fantastique en habit noir (1856)

Avatar (1856)

Le sous-titre d'*Arria Marcella. Souvenir de Pompéi* avait une portée historique et autobiographique évidente qui cadrait bien avec le contenu d'une nouvelle qui ne faisait que caresser l'idée du surnaturel, en transportant le jeune héros en rêve à l'an 79. *Avatar, conte* est une désignation non moins pertinente pour une histoire qui installe le merveilleux et le féerique au cœur même de la vie moderne. Publié d'abord dans *Le Moniteur universel* du 29 février, des 1, 5, 7, 12, 13, 14, 15, 27, 28, 29 mars, et du 3 avril 1856, traduit en allemand la même année, et plus tard en espagnol, en hongrois et en anglais, *Avatar* est le plus extravagant et le plus extraordinaire des récits fantastiques de Gautier. Bien que le terme hindou *avatar*, moins courant et donc plus exotique en 1856 qu'aujourd'hui, soit tout à fait approprié à une histoire où le personnage central est un magicien qui s'est fait initier aux mystères de la transmigration des âmes lors d'un long séjour en Inde, la donnée essentielle du récit remonte à l'antiquité gréco-romaine. C'est d'une part le mythe d'Amphitryon que Rotrou (*Les Sosies*, 1636) et Molière (*Amphitryon*, 1668) avaient emprunté à Plaute, d'autre part le motif du dédoublement, qui remonte aux *Ménechmes* du même auteur, où Shakespeare (*The Comedy of Errors*, 1594) et Regnard (*Les Ménechmes*, 1705) avaient puisé à pleines mains. Il suffit cependant de lire ses articles de *La Presse* et du *Moniteur universel* entre 1844 et 1854 pour se rendre compte que Gautier eut recours aussi à des sources plus immédiates. Un vaudeville fantastique de Mélesville et Carmouche, *Les Âmes en peine ou la métempsycose*, dont il rendit compte dans *La Presse* du 22 janvier 1844,[1] mettait en scène 'un savant magicien d'Inde', qui, 'possédant le secret de la transmutation des âmes', passe la sienne dans le corps d'un Anglais, qui prend alors possession du corps du magicien. Sous sa nouvelle enveloppe, l'Anglais, Nigel, est repoussé par sa bien-aimée, Miaou:

> De cette métempsycose en partie double, il résultait encore des quiproquos plus ou moins divertissants,(...). Enfin, après toutes sortes d'aventures burlesques (...), l'âme de Nigel parvenait à se réintégrer dans son propre étui, avant que le magicien eût le temps d'épouser Miaou. (*HAD* III, 157)

La pièce fut sifflée, mais Gautier considérait que le sujet en était 'neuf et original' et 'demandait, suivant nous, à être moins légèrement traité, étant, au fond, beaucoup plus sérieux qu'on ne pense' (157). Il est évident que le vaudeville lui fournit quelques éléments de la trame d'*Avatar*. Dix ans plus tard Gautier rendit compte dans *Le Moniteur universel* (28 janvier, 1854) des *Récits du temps passé* et des *Caractères et récits du temps* de Paul de Molènes, où il est question, dans *Tréfleur*, de 'trois âmes, réduites par la malice d'un magnétiseur à n'avoir qu'un corps qu'ils habitent à tour de rôle'. Plusieurs éléments de ce récit baroque (le motif du duel, le thème de la rivalité amoureuse et de la prescience de la femme) furent aussi retenus par Gautier lors de la rédaction de sa nouvelle.

S'il n'hésite pas à s'inspirer du théâtre et du roman populaires, Gautier n'en reste pas moins fidèle aux grands maîtres, et aux petits maîtres, du fantastique. Sacrifiant à un jeu d'onomastique plaisant en désignant son magicien comme le docteur Balthazar Cherbonneau, ce qui évoque non seulement le roi mage mais aussi un savant orientaliste de l'époque,[2] il en fait 'une figure échappée d'un conte fantastique d'Hoffmann' (*OF* II, 19), qui ressemble aussi au docteur Frenel et à la magicienne Melück dans *Marie-Melück Blainville*, récit fantastique d'Arnim traduit par Gautier *fils* la même année,[3] au sorcier égyptien Arbaces, censé avoir le don fatal du mauvais œil, dans *Les Derniers jours de Pompéi*, à Joseph Balsamo dans le roman de Dumas que Gautier avait utilisé pour créer le sinistre magnétiseur Santa-Croce du ballet *Gemma* en 1854,[4] enfin à l'un de ses propres personnages, le magicien Datchka de *Partie carrée* (1848), ouvrage qui avait inauguré le mode indien chez Gautier et auquel il emprunte la scène d'hydromancie.[5] Gautier cherche d'ailleurs systématiquement à situer son récit dans le domaine du fantastique traditionnel, se référant surtout au romantisme allemand, à Hoffmann, à Arnim, à Brentano, à Chamisso, à Lamothe-Fouqué, à Novalis, et à Heine.[6] Son 'docteur hoffmannique' (50) est un personnage caricatural, et conscient de l'être, sorte de 'macaque' (52; 92) aux connaissances encyclopédiques, mi-Mesmer, mi-Cagliostro, poursuivant son 'rêve scientifique' (39) en Inde autant qu'en Europe, et cherchant, tel Frankenstein, à devenir un démiurge prométhéen. Le thaumaturge aux yeux étincelants, qui les a peut-être volés à un enfant, comme dans *L'Homme au sable* d'Hoffmann, et dont le regard 'traverse tout' (45), habite, non par hasard, la rue du Regard. Gautier multiplie avec complaisance les références littéraires, pour appuyer, non sans humour, la création d'un merveilleux moderne.

Une vingtaine d'années plus tôt, Gautier avait fait dire à d'Albert, héros de *Mademoiselle de Maupin*, qu'il enviait avant tout aux dieux du panthéon hindou 'leurs perpétuels *avatars* et leurs transformations innombrables'.[7] Pour acclimater de telles bizarreries au XIXe siècle, et pour transposer en plein Paris les données d'*Ampitryon* et des *Ménechmes*, Gautier cherche à neutraliser les termes mêmes de 'fantastique' et de 'merveilleux'. C'est ainsi 'le fantastique docteur Balthazar Cherbonneau' qui remet de l'espoir au cœur d'Octave de Saville en mal d'amour, en lui indiquant d'abord 'les résultats merveilleux' qui découlent de l'exercice des pouvoirs occultes, et en lui expliquant plus tard qu'il s'agit en réalité d'effets 'qui semblent merveilleux, quoique naturels' (*OF* II, 36, 38, 45). Une fois la métempsycose réalisée, Olaf de Labinski, qui a, dit le narrateur, 'un penchant naturel au merveilleux', caractéristique des 'races slaves', se rappelle 'les historiens fantastiques de Pierre Schelmil et de la Nuit de saint Sylvestre', et, en se voyant remplacé auprès de son épouse par un 'comte Labinski fictif', il est obligé de reconnaître 'que l'Octave de Saville dont j'occupe la peau bien contre mon gré existe réellement; ce n'est point un être fantastique, un personnage d'Achim d'Arnim ou de Clément Brentano; (...)' (*OF* II, 44, 60, 63). Le caractère parodique de certaines de ces références sert à problématiser les rapports entre 'vraisemblance' et 'invraisemblance', termes entre lesquels Gautier établit une équivalence paradoxale. Le narrateur laisse ainsi à Octave le soin de dire qu'il meurt littéralement d'amour, n'osant assigner lui-même à ce cas pathologique sa cause véritable, 'tellement la chose est invraisemblable à Paris, au dix-neuvième siècle' (*OF* II, 19). Quand Olaf se demande si Octave n'aurait pas 'fait un pacte avec le diable pour me dérober mon corps', ce qui est proche de la vérité, le narrateur fait remarquer que 'L'invraisemblance, au XIXe siècle, d'une pareille supposition, la fit bientôt abandonner au comte, (...)' (*OF* II, 67). Lorsque Cherbonneau décide à la fin du récit de faire passer sa propre âme dans le corps inerte d'Octave, et donc de prolonger sa propre existence, il prend la précaution de léguer la quasi-totalité de ses biens à celui dont il va prendre l'identité:

> Ce testament fait par un mort à un vivant n'est pas une des choses les moins bizarres de ce conte invraisemblable et pourtant réel; (...).
>
> (*OF* II, 93)

À moins que le lecteur ne veuille rejeter le bien-fondé de tout ce qu'on vient de lui raconter, il doit, même dans un récit où l'ironie et les références parodiques n'ont pas moins de part que dans tout autre ouvrage de Gautier,[8] faire confiance au narrateur et accepter, contre toute logique, la possibilité que de telles choses puissent se produire.

Gautier rejette d'ailleurs implicitement l'esthétique du *surnaturel expliqué*, évoqué dans le récit par Olaf, qui exprime désespérément le vœu que sa transformation s'explique 'le plus naturellement du monde, comme les épouvantails des romans d'Anne Radcliffe' (*OF* II, 62). Dans la Préface qu'il rédigea vers la même époque pour l'édition des *Contes bizarres* d'Achim d'Arnim traduite par Gautier *fils* (Michel Lévy, 1856), il apprécie la technique littéraire d'un auteur 'si profondément allemand et romantique dans toutes les acceptions qu'on peut donner à ce mot', créateur d'un univers non moins étrange que celui d'*Avatar* où 'Les êtres réels semblent déjà avoir appartenu à la tombe, (...)'.[9] Tout en le qualifiant d'écrivain 'fantastique', Gautier reconnaît que l'univers cauchemardesque d'Arnim repose sur des procédés de vraisemblabilisation inhérents à sa manière de conter:

[...] il raconte ses hallucinations comme des faits certains; aucun sourire moqueur ne vient vous mettre en garde, et les choses les plus incroyables sont dites d'un style simple, souvent enfantin et presque puéril; [...]¹⁰

Si le 'sourire moqueur' n'est jamais tout à fait absent des lèvres de Gautier conteur fantastique ou merveilleux, il est évident qu'il se laisse inspirer ici, comme plus tard dans *Spirite*, par un nouveau maître allemand, dont il approuve explicitement la méthode.

Avatar est en effet un récit chargé de réminiscences littéraires. *Les Gardiens de la couronne*, roman fantastique d'Arnim non traduit à l'époque mais dont Gautier eut peut-être connaissance par l'intermédiaire de son fils, ainsi que *Titan* de Jean-Paul, dans la traduction en quatre volumes de Philarète Chasles (Abel Ledoux, 1834–1835) qu'il cite dès 1835, présentent des points de ressemblance frappants.¹¹

Les thèmes de la métempsycose et du double évoquent inévitablement un vaste intertexte romantique, mais les réflexions sur le sens intime du *moi*, ainsi que sur la spécificité de l'identité corporelle, que suscitent les aventures baroques d'Octave, d'Olaf et de Cherbonneau, reflètent la vie et l'œuvre de Gérard de Nerval, qui était mort le 26 janvier 1855, donc un an avant la publication de la nouvelle de Gautier. Au chapitre VIII, Olaf se fait conduire à Passy, pour consulter le docteur B***:

> Je suis, dit-il au médecin célèbre, en proie à une hallucination bizarre; lorsque je me regarde dans une glace, ma figure ne m'apparaît pas avec ses traits habituels; la forme des objets qui m'entourent est changée; je ne reconnais ni les murs ni les meubles de ma chambre; il me semble que je suis une autre personne que moi-même. (*OF* II, 68)

Il est évident que cet épisode reflète l'obsession du dédoublement dont souffrait Nerval, ainsi que ses rapports avec les docteurs Esprit et Émile Blanche, et surtout ses séjours chez celui-ci à Passy en 1853–1854, dans cette clinique où Maxime du Camp aussi s'était fait soigner. En ce qui concerne la folie et le motif du *Doppelgänger*, les interférences entre les textes de Nerval et de Gautier, où ils traitent de ces sujets, sont très nombreuses.¹² Olaf, confronté au chapitre VI à 'cette vision extérieure de son moi' qu'est Octave, et en proie à une terreur superstitieuse, se souvient du double nordique, dont la vue, même en rêve, passe pour un présage fatal (*OF* II, 59). Gautier se souvient de toute évidence d'*Aurélia*, texte qu'il connaissait particulièrement bien pour y avoir travaillé l'année précédente avec Houssaye lors de la publication posthume en librairie de cet ouvrage sous le titre *Le Rêve et la vie* (Victor Lecou, 1855). Nerval y avait évoqué 'une tradition bien connue en Allemagne, qui dit que chaque homme a un *double*, et que, lorsqu'il le voit, la mort est proche',[13] se souvenant aussi de 'l'histoire de ce chevalier qui combattit toute une nuit contre un inconnu qui était lui-même',[14] référence évidente au *Chevalier double*, où Gautier avait déjà exploité le topos du duel suicidaire des deux incarnations du même moi dont *Avatar* fournira une variante dramatique.

La nouvelle de Gautier abonde d'ailleurs en souvenirs nervaliens. Olaf et Octave reflètent l'aliénation teintée de panique, qui s'empare du sujet face à la dépossession de son être, dont Nerval fait état dans *Aurélia*. Octave surtout, héros archi-romantique en mal d'amour, se servant de l'oxymoron 'les bougies ont des flammes noires' (*OF* II, 22), semble incarner l'idéalisme sentimental de Gérard et porter, tel son prédécesseur, 'le soleil noir de la Mélancolie' (*El Desdichado*). La *Vita nuova* que Nerval évoque dans le premier chapitre d'*Aurélia* semble annoncer l'expérience d'Octave, bouleversé par la beauté de Prascovie, tel Romuald devant Clarimonde, et qui constate: 'Une nouvelle vie data pour moi de cette fatale rencontre' (*OF* II, 26). Là où Prascovie, nouvelle Alcmène, représente un idéal de beauté, d'élégance et de pudeur féminines, et Olaf, doué au berceau par 'les fées bienveillantes' (*OF* II, 36), est le type de la perfection masculine, Cherbonneau prône des idées philosophiques éclectiques et des croyances syncrétistes en matière de religion qui rappellent les doctrines hétérodoxes d'*Aurélia*. La tentation spiritualiste de Gautier trouve ici son expression dans un curieux mélange d'hindouisme, de magnétisme et d'idéalisme à la manière des romantiques allemands, qui doit beaucoup aux rêveries de son camarade décédé. Quand Cherbonneau, que le narrateur désigne comme 'rien moins que charlatan'(*OF* II, 43), va jusqu'à déclarer que 'la matière n'existe qu'en apparence; l'univers n'est peut-être qu'un rêve de Dieu ou qu'une irradiation du verbe dans l'immensité' (*OF* II, 45), le 'rêve scientifique' du médecin thaumaturge se rapproche de façon évidente de la doctrine élaborée à partir de Nerval et de

Goethe dans *Arria Marcella*, où le narrateur avait approuvé les croyances philosophiques d'Octavien qu'il n'était pas 'loin de partager' (*OF* I, 221), croyances qui trouveront leur reflet dans *Spirite*. De telles références servent à assimiler à l'univers romanesque des théories en marge de l'idéologie dominante. En revanche, les références artistiques qui reviennent constamment sous la plume du narrateur, comme dans *Arria Marcella*, au point même d'alourdir le discours narratif, inscrivent *Avatar* dans une réalité culturelle et historique dont la spécificité frappe le lecteur d'aujourd'hui. Si le langage précieux que le narrateur prête à Octave pour faire l'éloge de la beauté de Prascovie au chapitre II, et telle énumération plaisante qu'il met dans la bouche de Cherbonneau pour battre en brèche les grands médecins de l'Occident (*OF* II, 51), relèvent de la parodie, la quasi-totalité des références culturelles constitue un procédé de vraisemblabilisation efficace. Les efforts du narrateur pour ancrer son récit dans un Paris plus ou moins contemporain servent à la fois à créer de puissants effets de couleur locale et à déréaliser des décors familiers pour faciliter l'épanchement du merveilleux dans la vie moderne. Suivant une technique descriptive héritée de Balzac, l'évocation de l'appartement d'Octave au chapitre I, de la maison de Cherbonneau au chapitre V, ou de la chambre de Prascovie au chapitre IX, fait du décor le reflet de l'état d'âme du personnage, de même que les énumérations savantes mises en œuvre pour caractériser le jardin et l'extérieur de la maison des Labinski au chapitre II créent une atmosphère féerique, le palazzino pouvant être pris 'pour le pied-à-terre de la Reine des fées, ou pour un tableau de Baron agrandi' (*OF* II, 34). En faisant accumuler au chapitre X les détails portant sur les objets d'art qui s'entassent dans leur salle à manger, le narrateur, tel Balzac décrivant le capharnaüm du marchand d'antiquités dans *La Peau de chagrin*, joue cependant double jeu, car l'effet hallucinant de cette matérialité envahissante, où tous les styles et toutes les époques se sont donné rendez-vous, sert de repoussoir à la beauté de Prascovie, qui y 'prenait quelque chose d'humain; la déesse se faisait femme; l'ange, reployant ses ailes, cessait de planer' (*OF* II, 77).

La figure de rhétorique omniprésente dans les récits fantastiques de la dernière période est l'hyperbole, dont l'emphase même frise la charge et l'exagération effleure le mensonge. Gautier aime passer de la simple accumulation des superlatifs à des expressions exclusives qui dénoncent les insuffisances de la mimésis. En évoquant le coffre où Prascovie enferme ses parures, il s'en tient d'abord à l'exotisme:

> Au milieu de la chambre, sur un socle de velours vert, était posé un grand coffre de forme bizarre, en acier de Khorassan ciselé, niellé et ramagé d'arabesques d'une complication à faire trouver simples les ornements de la salle des Ambassadeurs de l'Alhambra. L'art oriental avait dit son dernier mot dans ce travail merveilleux, auquel les doigts de fée des Péris avaient dû prendre part. (*OF* II, 71)

En en venant à la description de sa chevelure, il force cependant volontiers la note:

> Certes, les torsades d'or fluide dont la Vénus Aphrodite exprimait des perles, agenouillée dans sa conque de nacre, lorsqu'elle sortit comme une fleur des mers de l'azur ionien, étaient moins blondes, moins épaisses, moins lourdes! Mêlez l'ambre du Titien et l'argent de Paul Véronèse avec le vernis d'or de Rembrandt; faites passer le soleil à travers la topaze, et vous n'obtiendrez pas encore le ton merveilleux de cette opulente chevelure, qui semblait envoyer la lumière au lieu de la recevoir, et qui eût mérité mieux que celle de Bérénice de flamboyer, constellation nouvelle, parmi les anciens astres! (*OF* II, 71-72)

Si Gautier n'a jamais su résister à la tentation de la préciosité littéraire, au risque de dévaloriser un style autrement chatoyant, et si de telles figures ne sont chez lui que des lieux communs, il faut comprendre que dans un récit comme *Avatar* il s'agit de pousser non seulement les descriptions mais encore tous les phénomènes jusqu'à l'impossible, sans tomber dans l'ironie ni dans le fatras. L'hyperbole cherche ici par le biais de l'idéalisation à reculer les bornes du réel, à dissoudre les structures de la raison et à substituer à notre univers mental habituel le merveilleux dans toute l'acception du terme.

En dépit de sa longueur relative, de son style chargé de détails, de ses références culturelles abondantes, *Avatar* n'en reste pas moins un *conte* au sens de *récit fabuleux* ou *vision chimérique*, où l'entendait déjà le *Dictionnaire universel de la langue française* de Boiste (treizième édition, 1851), et de *récit d'aventures merveilleuses*, qui compte parmi les nombreuses définitions du genre dont Littré fera état à partir de 1863. Dans *Avatar*, Gautier renoue, sur le plan du langage même, avec le genre merveilleux tel que l'avaient pratiqué Jean-Paul dans ses romans humoristiques, Hoffmann dans *Le Pot d'or* et Nodier dans *La Fée aux miettes*, en imprimant aux grands thèmes du fantastique romantique, depuis le dédoublement jusqu'à l'occultisme, une physionomie nouvelle. On est loin des interférences troublantes entre rêve et réalité, qui furent à l'origine de l'hésitation fantastique dans des récits des années 1830 et 1840. Gautier tient maintenant à encadrer le merveilleux dans une imitation toute subjective de la réalité, riche en couleurs et en nuances, qui annonce déjà *Spirite*, où l'influence des *Histoires extraordinaires* de Poe, ainsi que de la métaphysique d'*Euréka* et de *Puissance de la parole*, semble se faire sentir.[15]

Jettatura (1856)

Jettatura fut annoncé d'abord sous le titre *Le Jettatore* (*La Presse*, 14 décembre 1853) et par la suite (dans le même journal) comme *Le Jettator*. On retrouve ce dernier titre en tête d'une variante manuscrite de *Marine, fragment d'un poème inédit* (voir *HOTG* II, N° 2307), qui parut dans *Le Parnasse contemporain* en mai 1870; il se peut, comme le suggère Lovenjoul (*HOTG* II, N° 1421) que ces vers soient une première tentative pour représenter le thème dramatique du mauvais œil qui est celui du récit en prose *Paul d'Aspremont, conte,* qui parut dans *Le Moniteur universel* des 25, 26, 27, 28, 29 juin, et des 5, 9, 10, 11, 16, 17, 18, 19, 20, 23 juillet 1856. Ce ne fut que l'année suivante, lors de sa publication en volume (Michel Lévy, 1857), que le conte reçut son titre définitif de *Jettatura*.

Le thème du regard magnétique et maléfique est un lieu commun du roman noir et de la littérature frénétique, que l'on retrouve chez les romantiques, depuis Byron (*Le Giaour*) jusqu'à Mérimée (*La Guzla*). Jean Richer signale deux textes de 1833 dont Gautier aurait pu s'inspirer: *Le Mauvais œil, tradition dalmate* de Mathurin-Joseph Brisset, où se trouve déjà le thème de l'aveuglement, et *Le Jettator* de Roger de Beauvoir (paru dans *Le Salmigondis, contes de toutes les couleurs*, IX), qui, par son décor napolitain ainsi que par sa structure générale, semble annoncer *Jettatura*,[16] bien que Roger de Beauvoir traite le thème de façon ironique. Nous avons trouvé dans *La Caricature* des 5, 12 et 19 janvier 1840 (2ᵉ série, II, 1–3) un récit d'Alphonse Royer, *Le Jettator*. *Histoire burlesque*, que Gautier connaissait probablement, car la fin d'un de ses propres récits, *Le Garde national réfractaire*, se trouve dans le même numéro que le début de celui de Royer. Le thème est d'ailleurs à la mode vers cette époque. *Le Mauvais œil* de Scribe, Gustave Lemoine et Loïsa Puget fut représenté à l'Opéra-Comique le 1ᵉʳ octobre 1836. *Gettatore* de Samuel-Henri Berthoud paraît dans *La Presse* du 22 novembre 1840 et présente des analogies avec le récit de Gautier, comme l'ont montré Aniko Adam et Michel Brix.[16a] *Qui peut répondre de soi* d'Hippolyte Lucas paraît dans *L'Artiste* en 1841 (2ᵉ série, VII, 419–423, 433–436); on y trouve, dans l'histoire du comte Paolo, les motifs de la tempête, du fiasco artistique, de la chute des objets, et de la femme qui croit que son amant, 'crédule à force d'imagination', ne souffre que d'une 'monomanie', mais dont la mort sera attribué par ses proches au fatal regard.[17] Le 1ᵉʳ octobre de la même année, une comédie de Dumanoir, Michel et Gonzalès, *Le Jettator*, est jouée au Palais-Royal. Gautier termine son feuilleton dans *La Presse* du 9 octobre ainsi:

> Il y a (...) au Palais Royal une pièce dont nous n'osons pas rendre compte, de peur qu'il nous arrive malheur. Nous voulons parler du *Jettator*. C'est en tremblant que nous écrivons ce mot terrible, à peine rassuré par la petite main de corail faisant les cornes et les médailles bénites suspendues à notre col, car nous avons été poursuivi nous-même par un jettator de la plus terrible espèce, et qui a causé dans Paris autant de désastres que le choléra en personne. Nous admirons le courage des auteurs et nous ne l'imiterons pas.

La véritable obsession de Gautier à l'égard de la jettature, qu'il gardera jusqu'à la fin de sa vie et dont témoignent Émile Bergerat et Judith Gautier,[18] nous empêche de voir dans ces remarques extraordinaires une simple plaisanterie de feuilletoniste. Les sources de *Jettatura* sont certainement à la fois personnelles et livresques. C'est sans doute lors de son voyage en Italie en 1850 qu'il dut prendre connaissance de deux ouvrages qu'il cite aux chapitres VII et VIII de son récit (André da Jorio, *La Mimica degli antichi investigata nel gestire napoletano* (Naples, 1832) et Niccolò Valetta, *Cicalata sul fascino volgarmente detto jettatura* (1787) (Naples, 1819). Il se peut que Gautier se souvienne encore de Bulwer-Lytton, qui évoque la superstition à plusieurs reprises dans *Les Derniers jours de Pompéi*, et y consacre une note historique importante, où il est question des méfaits du *malus oculus* et des 'talismans pour mettre à l'abri de la funeste fascination du *malocchio* ou de la *jettatura*',[19] mais Gautier se souvient aussi du *Corricolo* de Dumas (1843), qui, comme le roman de Bulwer-Lytton, avait déjà servi de stimulus dans *Arria Marcella*.[20] Il semble d'ailleurs que Gautier ait voulu cacher sa dépendance envers son compatriote lors du passage de *Paul d'Aspremont* en volume, car à partir de 1857 les trois références à l'hôtel de la Victoire et à son patron Martin Zir, évoqués par Dumas, sont supprimées dans *Jettatura*.[21] Les emprunts de détail n'en restent pas moins nombreux, et il nous semble évident que les aventures et mésaventures du Prince de *** dans le chapitre XVI du *Corricolo*, non moins que celles de sir B*** de S.-H. Berthoud et du comte Paolo d'Hippolyte Lucas, fournissent à Gautier plusieurs éléments de l'histoire de Paul.[22]

Jettatura est néanmoins un ouvrage tout à fait original, en ce qui concerne l'agencement du récit fantastique et l'analyse de la subjectivité.

'Vedi Napoli e poi mori' disent les touristes anglais rassemblées sur le tillac du *Léopold,* formulant ainsi, 'avec le plus délicieux accent britannique' (*OF* II, 105), le cliché que le texte va prendre au pied de la lettre, selon un procédé classique du récit fantastique. Ces voyageurs stéréotypés jouent un rôle capital dans la structuration de l'histoire, car les hommes aux figures splénétiques, les femmes énergiques, les jolies misses qui rappellent 'les types affectionnés par les keepsakes' (*OF* II, 105), le touriste laconique 'roide, long et embarrassé de sa personne comme le laird de Dumbiedikes de *La Prison d'Édimbourg*' (*OF* II, 174), représentent un autre monde, imperméable à la superstition napolitaine, donc un point de repère rationnel dans un univers tragique. Leur présence au début, et de nouveau vers la fin, crée un effet d'encadrement symbolique; leur objectivité apparente s'exprime par une certaine indifférence à l'égard des sites archéologiques et par un véritable cynisme lors de la découverte à Pompéi du corps d'Altavilla, tué en duel par Paul, car la mort d'un jeune seigneur apporte enfin de l'imprévu, de la couleur locale véritable, dans un voyage conventionnel, leur fournissant, dit Bess à Kitty, '(...) quelque chose d'italien, de pittoresque et de romantique à raconter à nos amies. Je ferai de la scène un dessin sur mon album et tu joindras au croquis des stances mystérieuses dans le goût de Byron' (*OF* II, 175). On assigne ainsi au dilettantisme la mort même, devenue objet de consommation culturelle.

Les nombreuses références à la culture britannique que suscite la présence à Naples d'Alicia Ward et de son oncle, jouent, par un effet de gradation savante, un rôle à la fois semblable et différent. Alicia, le type de la beauté britannique représentée par Lewis et Maclise (*OF* II, 115), perçue par Paul comme 'un ange de Thomas Moore' (*OF* II, 139), cherche au nom du bon sens à rester sceptique devant les prétendues manifestations de la jettature de son amant, mais finira par trouver elle-même la mort, à l'instar de cet autre personnage qui hante l'imagination de Gautier, Clarisse Harlowe, dont le cercueil fournit le modèle de celui de la nouvelle victime. Le commodore, le type du 'parfait gentleman', mais en même temps 'caricature à la manière de Hogarth' et 'Anglais de vaudeville' (*OF* II, 115–116) partage le scepticisme foncier de sa nièce, mais se laisse momentanément entraîner dans le cercle diabolique de la superstition populaire.

Paul d'Aspremont, jeune Français non moins sceptique au début que ses compagnons britanniques, se laissera cependant gagner par la démence locale. Une fois persuadé de la réalité du pouvoir néfaste de son regard, et craignant alors d'être responsable de la mort d'Alicia, il prend en toute connaissance de cause la décision de s'aveugler. Au seuil de l'acte irréparable, il s'écrie: 'Tu as beau dire, misérable corps, à ma volonté inflexible: "Hubert, Hubert mes pauvres yeux!" tu ne l'attendriras point' (*OF* II, 178). Il ne semble pas que les critiques aient compris combien cette citation de *King John* (VI, i) de Shakespeare contribue à amplifier la résonance tragique d'un récit qui, tout en se déroulant à Naples, exploite de façon systématique un intertexte européen. Le héros doit-il son nom à la chanson de geste du XIIIe siècle, *La Chanson d'Aspremont*, dont le titre évoque une montagne légendaire de la Basse Italie et où le merveilleux joue, comme dans toute épopée, son rôle?

Il est vrai qu'il arrive au narrateur de s'en prendre ironiquement aux amateurs de la 'couleur locale', en évoquant, après Dumas, la longévité des *corricoli* (*OF* II, 112), mais il insiste en même temps sur la nécessité de 'peindre les scènes que l'on raconte' (*OF* II, 114), ce qui ne l'empêche pas, pour certaines descriptions, de recourir à son procédé habituel, qui consiste à dépeindre les endroits et les personnages de façon oblique: la cuisine de l'hôtel de Rome filtrée par un tableau de Murillo,[23] Alicia comparée à une Vénus de Schiavone[24] ou à une Vierge de Schoorel, Paul, après avoir tué Altavilla, décrit comme 'plus pâle au grand jour qu'au clair de lune le criminel que Proud'hon fait poursuivre par les Érinnyes vengeresses' (*OF* II, 173).[25] En l'occurence, le décor napolitain est d'une importance capitale dans le déroulement du récit et dans l'évolution du personnage principal. Au cours du voyage à Naples, Paul est invisible; ce n'est qu'en arrivant au port qu'il sort de sa cabine pour devenir tout de suite l'objet de la curiosité des autres et pour s'engager dans cette série d'événements qui feront de lui le jettatore. Ce n'est qu'à Naples, où la croyance au *fascino* est générale, qu'un 'homme civilisé' (*OF* II, 132), pour emprunter l'expression d'Altavilla, peut proposer une explication quasi-scientifique du phénomène que d'autres, comme Alicia, tiennent pour un fait 'bien terrible, bien absurde et même bien ridicule' (*OF* II, 133), car, selon le comte; '(...) si j'étais à Londres ou à Paris, peut-être en rirais-je avec vous, mais ici à Naples ...' (*OF* II, 133). Paul se voit accuser de la jettature avant même de comprendre le sens d'un terme qu'il n'assimilera pleinement qu'au chapitre VIII, où la lecture du traité de Niccolò Valetta explique la réaction des Napolitains et commence à provoquer une crise d'identité. C'est au fur et mesure que Paul s'imprègne de l'atmosphère napolitaine, qu'il se met à penser à l'énigme de son propre inconscient en termes de la superstition du *malocchio*, donc qu'il problématise ses rapports avec les autres et qu'il confère rétrospectivement aux événements de sa vie une interprétation sinistre, que le narrateur cherche à défendre son personnage contre le scepticisme présumé du lecteur:

> L'on nous objectera qu'il est difficile qu'un jeune homme du monde, imbu de la science moderne, ayant vécu au milieu du scepticisme de la civilisation, ait pu prendre au sérieux un préjugé populaire, et s'imaginer être doué fatalement d'une malfaisance mystérieuse. Mais nous répondrons qu'il y a un magnétisme irrésistible dans la pensée générale, qui vous pénètre malgré vous, et contre lequel une volonté unique ne lutte pas toujours efficacement; tel arrive à Naples se moquant de la

jettature, qui finit par se hérisser de précautions cornues et fuir avec terreur tout individu à l'œil suspect. (*OF* II, 143)

Nul doute que le narrateur ne reflète ici le point de vue de l'auteur, qui croyait fermement à la réalité de la jettature, mais pour le narrateur, ainsi que pour le personnage, les voies de la causalité se compliquent et la raison même s'avère problématique:

> Paul d'Aspremont se trouvait dans une position encore plus grave: — il avait lui-même le *fascino*, — et chacun l'évitait, ou faisait en sa présence les signes préservatifs recommandés par le signor Valetta. Quoique sa raison se révoltât contre une pareille appréciation, il ne pouvait s'empêcher de reconnaître qu'il présentait tous les indices dénonciateurs de la jettature. — L'esprit humain, même le plus éclairé, garde toujours un coin sombre, où s'accroupissent les hideuses chimères de la crédulité, où s'accrochent les chauves-souris de la superstition. La vie ordinaire elle-même est si pleine de problèmes insolubles, que l'impossible y devient probable. On peut croire ou nier tout: à un certain point de vue, le rêve existe autant que la réalité. (*OF* II, 143-144)

C'est bien Paul, et non le narrateur, qui s'approprie le terme *fascino*, dans une phrase au style indirect libre, ou qui fait partie d'un monologue intérieur (selon l'expression que Gautier emploie pour désigner un procédé fréquent dans ce récit),[26] mais c'est le narrateur qui, sans explicitement accréditer cette notion, cherche à la ramener à la généralité des croyances humaines et à brouiller la distinction entre subjectivité et objectivité en prétendant que le rêve et la réalité coexistent.

Le narrateur joue cependant double jeu, tantôt s'identifiant avec le point de vue de ses personnages (sans jamais être tout à fait de connivence avec eux), tantôt laissant au lecteur la possibilité de tout expliquer par la raison (sans pour autant approuver une interprétation purement psychologique de la désagrégation du personnage principal). Ainsi, au chapitre X, le narrateur ne confirme ni le point de vue de Paul, persuadé de la réalité de son 'pouvoir fatal', ni celui d'Alicia, qui n'y voit qu'une 'fatale monomanie' (*OF* II, 153, 154), mais laisse planer le doute sur l'origine du malaise de celle-ci: '(...) soit que cette scène eût déterminé chez elle quelque excitation fébrile, soit que Paul exerçât réellement sur la jeune fille l'influence que redoutait le commodore.' (*OF* II, 159). De même, au chapitre XI, le narrateur n'est pour rien dans la conviction de Paul et évoque 'la folie', qui pourrait en être à la fois la cause et la conséquence (*OF* II, 164). Ce n'est qu'au dernier chapitre que le narrateur désigne son personnage explicitement comme le 'malheureux jettatore', dont les regards 'traversaient comme une flamme les doigts transparents et frêles d'Alicia' (*OF* II, 177), et dont les yeux aveuglés 'avaient une expression surnaturelle' (*OF* II, 183), au moment où la nature entière semble participer au malheur de Paul — le jardin 'dans sa langue muette' (*OF* II, 182) le repousse, la mer avec des 'sanglots immenses' et des 'larmes amères' (*OF* II, 183) l'engloutit, la tempête éclate, le volcan rougit et la pluie s'abat comme des flèches. Il est difficile pourtant de préciser le sens de cette coda, qui se termine ainsi: '(...) on eût dit que le chaos voulait reprendre la nature et en confondre de nouveau les éléments' (*ibid.*). Si cette remarque renvoie au début de la nouvelle, où la description des traits de visage de Paul met en évidence l'absence d'harmonie de l'ensemble, et l'évocation de la légende du peintre italien, qui créa un effet de terreur en composant un masque de beautés disparates, semble expliquer la 'tournure méphistophélique' du jeune homme, faut-il comprendre que la nature cherche à rompre le cercle vicieux du mal, en recomposant l'univers?[27] Et pourtant, la clausule décrit le bouleversement moral du commodore, à la suite de la mort de la nièce et du suicide du fiancé, de façon presque burlesque, au point même de mettre en question la tragique histoire d'amour, soigneusement construite, où les protagonistes maudits se détruisent mutuellement.

Une telle ambiguïté domine le récit. L'être mystérieux, byronien, au 'regard blessant' (*OF* II, 107), à la physionomie énigmatique, qui fait à deux reprises des rêves prémonitoires, est-il jettatore? Pourrait-on, au contraire, lire la nouvelle comme un roman à énigme, voire un roman policier, où seule la crédulité du héros s'oppose à l'explication rationnelle des accidents qui surviennent au cours du récit, et des malheurs passés dont Paul se persuade être la cause? Ou encore, dans une perspective psychologique, faudrait-il voir en Paul la victime, pure et simple, de la psychopathologie collective des Napolitains, l'étranger qui sert parfaitement à nourrir leur agressivité superstitieuse? Une telle lecture est d'autant plus probante que l'ouvrage pose, à travers le phénomène des coïncidences, le problème de la causalité, et par l'étude des rapports de l'individu et du groupe, s'attaque à la motivation psychique. Les accusateurs de Paul, n'ont-ils pas tous une arrière-pensée? Le facchino Timberio, battu par Paddy, ne voudrait-t-il pas tirer vengeance du maître? Altavilla, rival pour la main d'Alicia, n'a-t-il pas aussi ses raisons pour faire de Paul un monstre? À l'hôtel, le chef et les servantes ne font qu'adopter de façon désinvolte l'opinion de Timberio et ne sont donc que de faux témoins pour qui la vérité est affaire de persuasion et de potins. L'acteur du théâtre de Pulcinella, qui reste court dans son improvisation, ne cherche-t-il pas à se justifier en attirant l'attention des spectateurs sur l'intrus qui aurait causé ses mésaventures?[28] Vicè, en revanche, semble agir autant par habitude que par mauvaise volonté. Paul, ne sachant pas se défendre, est progressivement atteint du complexe du *malocchio* et devient alors complice des machinations des autres.

Une telle interprétation anthropologique de *Jettatura*, portant sur la pression qu'exercent les mentalités collectives,[29] s'oppose cependant au mouvement dramatique et à la résonance poétique d'un récit. La rhétorique du narrateur, depuis le jeu de mots facile ('mon oncle que vous avez fasciné', lit-on dans la lettre d'Alicia au premier chapitre) jusqu'aux références religieuses et mythologiques ('l'ange déchu', 'Méduse' au chapitre VIII), entraîne le lecteur dans le même cercle magique que le héros. L'art de Gautier consiste ici à nous plonger dans l'indécision, à créer des effets effrayants à la limite du vraisemblable, par la présentation systématique d'un surnaturel équivoque. Ce récit, où tout se fait par la suggestion, par la manipulation de la sensibilité du lecteur, est, sur le plan technique, le plus remarquable de ses contes fantastiques.

Rien d'étonnant dans un récit d'une telle intensité que Gautier fasse écho à son autre conte napolitain et pompéien, *Arria Marcella*, mais le texte dont il rapproche explicitement *Jettatura,* est *Avatar.* Dans une lettre qu'il adressa à l'éditeur Jules Hetzel vers cette époque, Gautier projeta une série de quatre contes fantastiques à paraître sous le titre commun 'Le fantastique en habit noir'. Sur ces quatre récits, deux ne seront pas écrits,[30] mais les deux autres (*Avatar* et *Jettatura*) existent déjà; ils sont basés, dit Gautier, sur la même idée: 'l'emploi du fantastique dans la vie réelle' (*CG* VI, lettre 2340). En réalité, *Jettatura* est bien différente d'*Avatar. Jettatura* est un conte fantastique qui fait hésiter entre le réel et le surnaturel, où il faut faire la part des imaginations surchauffées et des perceptions erronées. *Avatar* est un conte merveilleux, sorte de féerie de la vie contemporaine, où les choses les plus invraisemblables se racontent le plus naturellement du monde.

VII
Désir sublimé, désir parodié
(1865-1866)

Spirite (1865)

Gautier ne reviendra au genre fantastique qu'en 1865 avec un roman à l'allure spiritiste, qui représente sous la forme d'une allégorie la sublimation de l'amour qu'il portait depuis près d'un quart de siècle à la danseuse Carlotta Grisi, qui avait triomphé dans *Giselle* (1841) et dans *La Péri* (1843), ballets dont il avait écrit le livret. *Spirite, nouvelle fantastique* parut d'abord en dix-sept feuilletons dans *le Moniteur universel* des 17, 18, 19, 21, 22, 23, 24, 25, 26, 28, 29, 30 novembre et des 1, 2, 3, 5, 6 décembre 1865. Déjà le 22 novembre, Gautier cédait à l'éditeur Charpentier le droit d'imprimer son récit (*CG* IX, 136), et le 6 décembre il reçut quinze cents francs 'pour la première édition de mon conte fantastique intitulé *Spirite* imprimé à trois mille exemplaires' (140). L'ouvrage, dont Gautier corrige les épreuves vers la mi-janvier (168), parut en librairie au début de 1866. (L'édition originale, annoncée dans la *Bibliographie de la France*, N° 1135, du 10 février 1866, porte le millésime 1865 sur la couverture et 1866 sur la page de titre.)

La portée autobiographique de la nouvelle ne fait aucun doute. En élaborant le portrait de Guy de Malivert, 'artiste de nature' (*OF* II, 213; *Sp*, 22), qui a voyagé en Espagne et en Russie, personnage 'romantique' (291; *173*) qui se convertira lors d'un voyage en Grèce au classicisme, et 'auteur objectif' d'une 'sensibilité profonde' et 'd'une sobriété extrême dans l'expression des pensées tendres ou passionnées' (259; *111–112*), il est évident que Gautier se dépeint complaisamment à travers son héros. En lui donnant l'âge de 'vingt-huit ou vingt-neuf ans' (204; *5*), il semble même que l'auteur, né en 1811, veuille remonter en imagination à 1840, année où il fit la connaissance de Carlotta.[1] Ce fut d'ailleurs lors d'un séjour prolongé chez celle-ci à Genève en juillet-novembre 1865 que Gautier composa ce roman fantastique inspiré par elle, comme en témoigne la dédicace imprimée de l'exemplaire unique 'sur papier spécial' (*CG* IX, 172) qu'il avait fait relier en veau bleu à son intention.[2] En ce qui concerne l'autobiographie, il conviendrait d'ajouter que l'épisode de la prise de voile de Lavinia d'Aufideni au chapitre XI reflète directement l'expérience de Judith Gautier, dont Carlotta était la marraine, chez les sœurs de Notre-Dame de la Miséricorde.[3]

La nouvelle fut annoncée dans *Le Moniteur universel* dès le mois de décembre 1861, sous le titre de *Spirit*, mais, si le projet d'écrire remonte à cette année-là, il ne semble pas, s'il faut en croire la note d'Eugénie Fort dans son *Journal* du 3 octobre 1863, que Gautier ait commencé à travailler sérieusement à son ouvrage avant cette date plus tardive.[4] La publication du tome IX de la *Correspondance générale* (Droz, 1995) nous permet de retracer l'évolution de la rédaction définitive de *Spirite* en 1865. Dans une lettre écrite, selon les éditeurs, avant le 23 juillet, Gautier déclare à Julien Turgan: 'Je vais me mettre à faire l'histoire de l'Esprit que je t'ai contée et qui t'a plu.' (*CG* IX, 88), mais vers la fin du mois il avoue à Judith qu'il manque d'inspiration: 'Je voudrais bien faire *Spirit* avant de rentrer, mais j'ai beau regarder et relire mon épreuve, il ne vient rien du tout; j'ai oublié cette histoire et ne sais trop par quoi la remplacer' (93). Vers la même époque, on lui demande de faire un poème en l'honneur de l'Impératrice et il se plaint à Paul Dalloz de ce que cette corvée lui fasse 'abandonne[r] provisoirement Spirite' (94). Vers la mi-août, il craint que de nouvelles demandes ne l'empêchent 'de finir Spirit' (99), mais il semble qu'il ait envoyé une partie de l'œuvre au *Moniteur universel,* car son fils lui transmet le 28 août 'une épreuve de tout ce que nous avons composé de Spirit qui s'appelle définitivement *Spirit* et non *Spirite*' (103). Le lendemain Gautier annonce à Ernesta Grisi que 'Spirit est lancé et marche bien' et que la nouvelle 'se développe plus que je ne croyais' (105). Le 9 septembre il dit avoir terminé de quoi remplir cinq feuilletons (109) et vers la mi-septembre il en est au septième (111). Au début du mois d'octobre, une crise néphrétique 'm'a empêché de *Spiriter* pendant quatre ou cinq jours' (115), mais le 6 octobre il s'acquitte du dixième feuilleton d'un ouvrage qu'il appelle 'assez bizarre' (115–116). Vers le milieu du mois il travaille au onzième feuilleton (118). Le 12 novembre, de retour à Paris, il annonce à Carlotta l'arrivée prochaine du treizième feuilleton (132), et le 17, jour où *Spirite* commence à paraître dans *Le Moniteur universel*, il lui adresse des remarques qui confirment le caractère autobiographique de la nouvelle:

> Lisez, ou plutôt relisez, car vous le connaissez déjà, ce pauvre roman qui n'a d'autre mérite que de refléter votre gracieuse image, d'avoir été rêvé sous vos grands marronniers et peut-être écrit avec une plume qu'avait touchée votre main chérie. L'idée que vos yeux adorés se fixeront quelque temps sur ces lignes, où palpite sous le voile d'une fiction le vrai, le seul amour de mon cœur, sera la plus douce récompense de mon travail. (134)

Parmi de nombreuses références à *Spirite* dans les lettres que Gautier adresse à Carlotta en 1866, la plus passionnée envisage la 'sympathie mystérieuse' qui rapproche leurs âmes et déclare: '[...] mon amour créera un ciel pour vous y embrasser éternellement et se fondre avec vous dans une perle de lumière comme Malivert et Spirite.' (196)

Avant la publication de *Spirite*, Émile Montégut avait commencé à faire paraître une série d'articles sur Gautier, où il cherchait à cerner la dualité de l'âme de l'écrivain:

> Son goût très prononcé pour le merveilleux et l'occulte, goût qui, chez lui est à l'état de demi-religion, et que beaucoup de personnes ont regardé comme une tendance paradoxale d'artiste et de poète, prend certainement source dans la bizarrerie philosophique de cette dualité. Ce n'est pas par un pur caprice d'imagination qu'il s'est plu à nous raconter tant d'histoires merveilleuses qui ont pour fondement quelque situation d'âme exceptionnelle, toutes ces histoires ne sont autre chose que les chapitres d'une autobiographie obscure, [...].
> (*Le Moniteur universel*, 20 janvier 1865; voir *CG* IX, 53)

Spirite ne fait que confirmer l'intuition du critique, qui, s'appuyant sur des publications antérieures, comme *Arria Marcella* et *Avatar*, avait compris l'importance du thème des amours d'outre-tombe dans l'imaginaire de l'auteur. Gautier devait lui-même réfléchir à cette thématique morbide deux ans plus tard, à propos de Poe et du roman noir anglais. Dans la longue étude qu'il consacra à Baudelaire dans *L'Univers illustré* en mars-avril 1868, il compare aux 'mystérieuses histoires si mathématiquement fantastiques, qui se déduisent avec des formules d'algèbre', où paraissent Dupin et Legrand, et aux récits de terreur, tel *Le Puits et le Pendule*, qui 'causèrent une suffocation de terreur égale aux plus noires inventions d'Anne Radcliffe, de Lewis et du révérend père Mathurin', une troisième catégorie, qui, comme *La Chute de la maison Usher*, 'inspira de profondes mélancolies':

> Les âmes tendres furent particulièrement touchées par ces figures de femmes, si vaporeuses, si transparentes, si romanesquement pâles et d'une beauté presque spectrale, que le poëte nomme Morella, Ligeia, lady Rowena, Trevanion, de Tremaine, Eleonor, mais qui ne sont que l'incarnation sous toutes les formes d'un unique amour survivant à la mort de l'objet adoré, et se continuant à travers des avatars toujours découverts.[5]

Il ne suffit pas, en effet, de considérer *Spirite* uniquement comme un texte fantasmatique. Par rapport à une certaine tradition littéraire, la nouvelle présente de façon aiguë le problème de la vraisemblabilisation du surnaturel. Comme dans *Avatar*, il s'agit de pousser à leur limite les procédés du récit *fantastique* afin de faire croire au *merveilleux* moderne. Dans une lettre à son père du 28 août 1865, Gautier *fils*, traducteur d'Arnim, commente ainsi le début de *Spirite*:

> Cela s'emmanche bien, mystérieusement et étrangement, mais je t'en supplie ne te laisse pas trop entraîner par le spiritisme; au point où en est la science on ne sait jamais ce qui peut arriver; les incrédules sont bien nombreux maintenant et il faut donner au surnaturel un aspect naturel, indiscutable. (*CG* IX, 103)

Le père, en effet, prépare soigneusement l'épanchement du *surnaturel* dans la vie de son héros. Dès le premier chapitre, Malivert, s'étonnant du phénomène de l'écriture inconsciente, proteste qu'il ne soit pas la victime d'une hallucination due à l'opium, au haschisch ou au vin, mais sa prétendue lucidité ne résistera pas à l'audition du mystérieux soupir, qui 'lui causa cette impression que le surnaturel fait éprouver aux plus braves' (*OF* II, 209; *Sp, 14*). Le terme une fois installé dans le texte, sous la forme d'une analogie, œuvre subrepticement. Au second chapitre, le narrateur, adoptant en partie le point de vue du personnage, qu'il exprime au style indirect libre, évoque 'une intervention qu'il fallait bien qualifier de surnaturelle jusqu'à ce que l'analyse l'eût expliquée ou lui eût donné un autre titre' (211; *18*).

C'est en faisant accumuler des références culturelles, non toujours dénuées d'ironie, et en multipliant systématiquement les termes synonymes de *surnaturel*, que le narrateur amène le lecteur à accréditer la thèse spiritiste. Ainsi Madame d'Ymbercourt évoque-t-elle, à propos du galop chromatique de Liszt, 'le grand pianiste allemand Kreisler' (212; *20*), enveloppant un *effet de réel* d'une référence au célèbre musicien fictif créé par Hoffmann; quelques pages plus loin, le baron Féroë évoquera *L'Homme au sable* du même auteur (216; *27*). Cherchant de nouveau à élucider le mystère de l'écriture inconsciente, Malivert songe au *Scarabée d'or*, à *La Lettre volée* et à *L'Assassinat de la rue Morgue*, mais au narrateur d'ajouter que même la sagacité de Legrand ou de Dupin 'n'aurait pu humainement deviner la puissance secrète qui avait fait dévier la main de Malivert.' (219; *33–34*). La dissertation du baron Féroë sur 'les plus abstrus opéras de Wagner' amène le narrateur à mettre en valeur la musique 'profonde' et 'mystérieuse' du compositeur (225; *46*), de même que la vision de Malivert, qui croit discerner dans les 'nuages bizarrement amoncelés' au-dessus de l'Arc de Triomphe 'des anges à grandes ailes de feu', suscite chez ce même narrateur des réflexions sur 'ces illustrations de Gustave Doré, où les rêveries qui hantent le cerveau du personnage se reflètent sur les nuées' (227; *49–50*). Le narrateur se réclame plus d'une fois de la *Divine Comédie*, pour justifier de l'évocation du Paradis de Spirite, 'cette sphère radieuse où l'on *peut* ce que l'on *veut*, selon l'expression de Dante' (239; *73*), et pour inscrire l'histoire de sa propre *alma adorata* (300; *190*) dans le mythe du poète retrouvant sa Béatrice. Au foisonnement des références, dont certaines constituent des *mises en abyme* du récit,[6] viennent s'ajouter des termes analogues à celui de *surnaturel*. Le héros reste perplexe au chapitre III devant 'l'incident extranaturel qui venait de se produire' (220; *36*), incident qui prendra la valeur d'un 'avertissement surnaturel' (226; *47*) au chapitre IV, où il emprunte lui-même le vocabulaire des occultistes à propos des voiles diaphanes 'qui séparent les choses visibles des choses invisibles' (229; *52*), et attribue à Féroë une 'intuition extrahumaine' (230; *55*). Le passage du réel à l'idéal s'effectue ainsi progressivement, sans irruption brutale ni menaçante du surnaturel, et Malivert s'engagera en toute connaissance de cause dans une aventure fantastique où il s'agit de ramener les esprits 'du fond du monde invisible' (233; *61*).

Spirite diffère cependant des récits antérieurs, depuis *La Cafetière* (1831) jusqu'à *Arria Marcella* (1852), où Gautier avait traité des rapports du héros et de l'extra-monde, par la présence d'un mentor, adepte de Swedenborg et initié aux mystères occultistes, qui confirme la réalité du fanatastique au fur et à mesure que l'histoire s'élabore. Le baron Féroë, qui avertit Malivert dès le chapitre II que 'Les esprits ont l'œil sur vous [...]' (216; *28*), phrase qui retentira dans le souvenir du héros au chapitre suivant (220; *35*), joue le rôle d'adjuvant auprès du jeune néophyte. Tel le 'voyant' du *Club des hachichins* qui s'occupait de la sécurité des convives, ou le 'magicien' d'*Avatar* responsable de la métempsycose, Féroë fait figure d'*illuminé* et de *visionnaire* (230; *54*), et confère à tout ce qui se passe une plausibilité supplémentaire.

Gautier recourt volontiers à des techniques consacrées par l'usage, mais en les renouvelant. Le narrateur prétend avoir retrouvé parmi les papiers de Malivert les 'dictées' de Spirite, qui constituent près d'un tiers du texte, mais l'effet de ce procédé, quelque maladroit qu'il puisse paraître, est de permettre à une âme du purgatoire de reprendre contact avec le monde réel et de préparer le lecteur à la participation directe de la défunte à la vie de Malivert à partir du chapitre XIII. La dette envers le *Livre des médiums* d'Allan Kardec, paru en 1861, semble ici capitale, comme l'a constaté Pierre Laubriet (*Sp,* X). L'auteur ne se fait pas faute d'exploiter, en même temps, des procédés plus conventionnels, familiers aux lecteurs de son œuvre fantastique. Le jeu des lumières et des ombres prête aux objets et aux meubles de l'atelier-salon de Malivert 'une vie fantastique' (*OF* II, 233; *Sp, 62*), et crée une atmosphère propice à l'apparition de Spirite dans le miroir de Venise au chapitre V. Le jeu de l'écriture, en revanche, permet au narrateur de se couvrir. Tout en protégeant son protagoniste contre le scepticisme des 'incrédules' (234; *64*), il consigne au discours indirect libre certaines constatations, de sorte que le lecteur ne sait pas dans quelle mesure le narrateur accrédite les suppositions de son héros. La rhétorique renforce cette ambiguïté fondamentale lors de l'épisode de la glace de Venise:

> La réalité de ce qu'il voyait, si l'on peut se servir d'un tel mot en pareille circonstance, était évidemment ailleurs, dans des régions profondes, lointaines, énigmatiques, inaccessibles aux vivants, et sur le bord desquelles la pensée la plus hardie ose à peine s'aventurer. (236; *67*)

Ce n'est que petit à petit que le narrateur renonce à de tels procédés équivoques et assume pleinement la responsabilité du surnaturel. La description grandiose du Paradis au chapitre XII, est, bien entendu, à mettre au compte de Spirite, mais, par son intensité visionnaire, force l'adhésion du lecteur, et installe le *merveilleux* au cœur du *fantastique*. La narration commence à baigner dans l'immatérialité et la transfiguration idéaliste, teintées de platonisme. La couleur de la glace de Venise, premier lieu de rencontre avec Spirite, 'était plutôt l'idée d'une couleur que la couleur elle-même' (235; *65*). Les lignes harmonieuses du Parthénon 'tendaient à un idéal inconnu, convergeaient vers un point mystérieux', et, au-dessus du temple, 'on sentait planer cette pensée vers laquelle l'angle des frontons, les entablements, les colonnes aspiraient [...]' (316; *221*). Spirite constate que dans le milieu où elle vit 'Les mots ne sont que l'ombre d'une idée, et nous avons l'idée même à l'état essentiel.' (253; *99*). La passion de Malivert, dégagée de 'toute contingence terrestre', a pour objet 'une beauté idéalisée par la mort' (272; *138*); la mort de Lavinia fait passer son âme, 'dégagée de sa prison corporelle' (286; *164*) dans l'infini, où elle perçoit d'autres âmes, qui rappellent toutes 'le type divin' (287; *166*). Le récit est d'ailleurs tout imprégné du mythe de l'androgyne. Spirite, persuadée que son âme et 'l'âme sœur' de Malivert sont prédestinées l'une à l'autre, les voit former 'ce couple céleste qui, en se fondant, fait un ange' (288; *168*), coalescence divine qui met fin aux contradictions de la vie et l'amène à déclarer:

> Nous serons l'unité dans la dualité, le moi dans le non-moi, le mouvement dans le repos, le désir dans l'accomplissement, la fraîcheur dans la flamme. (313; *216*)[7]

En désignant Malivert et Spirite comme Amour et Psyché (312; *214*), le narrateur semble renvoyer obliquement à la théorie platonicienne de la passion et de l'âme. Féroë les verra d'ailleurs en rêve à la fin du récit, se confondant 'dans une perle unique' (323; *234*). Cette dernière métaphore renvoie directement au *Pavillon sur l'eau* (*RC*, 363) et à *Avatar* (*OF* II, 35). Le motif du traîneau, qui passe à travers la voiture de Spirite au chapitre VI, rappelle le fantastique équipage qu'enfonce le corps du héros d'*Onuphrius* (1832), récit où nous trouvons déjà la grande glace de Venise, 'fenêtre ouverte sur le néant, d'où l'esprit pouvait plonger dans les mondes imaginaires' (*OF* I, 43). La petite main désincarnée de Spirite, qui fait signe à Malivert de reprendre sa plume au début du chapitre X, n'est-elle pas un lointain souvenir du membre mutilé qui cherche la reconstitution du corps dans *Le Pied de momie* (1840)? La musique comme clé d'une existence antérieure ('une première vie, depuis oubliée'(*OF* II, 295; *Sp, 182*) ainsi que l'audition colorée et les correspondances mystiques qu'évoque Spirite, en jouant du piano (298; *186*), sont autant de motifs déjà ébauchés dans *Le Club des hachichins*. L'étrange sympathie qui permet à Malivert, au chapitre V, d'attirer vers lui 'cet ange, cette sylphide, cette âme, cet esprit dont il ignorait encore l'essence, et qu'il ne savait à quel ordre immatériel rattacher' (237; *69*), ressemble tout à fait au 'magnétisme secret' (*OF* I, 222) qui met en rapport l'âme de la Pompéienne et Octavien dans *Arria Marcella* (1852). La description du dédoublement de la personnalité de Malivert au début du chapitre XIII semble être calquée sur celle de Romuald dans *La Morte amoureuse* (1836): 'À dater de cette nuit ma nature s'est en quelque sorte dédoublée, et il y eut en moi deux hommes dont l'un ne connaissait pas l'autre.' (*OF* I, 96); 'À dater de ce jour, l'existence de Malivert se scinda en deux portions distinctes, l'une réelle, l'autre fantastique.' (*OF* II, 294; *Sp, 179*). Nul doute que Gautier ne se souvienne en même temps d'*Aurélia* de son ami Nerval, qui y avait évoqué *Le Chevalier double*.

Dans une lettre à Carlotta de la fin mars 1866 Gautier évoque avec amertume les insuffisances de la langue épistolaire, qui n'est plus apte à exprimer sa passion pour 'l'unique amour le seul désir la vraie aspiration de ma vie' (*CG* IX, 196). Faudrait-il donc voir dans *Spirite* une allégorie du rapport entre le poète et sa Muse, comme le suggère Ross Chambers?[8] Certes, le dénouement du récit fait de *Spirite* un ouvrage initiatique en matière d'esthétique autant que d'amour. Le voyage en Grèce et la mort de Malivert, qui rappellent à la fois la légende byronienne, *Armance* de Stendhal et *Le Roi des montagnes* d'Edmond About,[9] constituent un véritable retour aux origines, 'aux sources du vrai beau' (*OF* II, 310; *Sp*, *211*). Au chapitre III, Malivert fait part à Mme d'Ymbercourt de la transformation d'un ami lors d'un voyage en Grèce:

> Il était parti romantique enragé; il a reçu là-bas sa métope sur la tête et ne veut plus entendre parler de cathédrales. C'est un classique rigide maintenant. Il prétend que, depuis les Grecs, l'humanité est retombée à l'état barbare, et que nos prétendues civilisations ne sont que des variétés de décadence. (223; *41–42*)

Malivert succombera à son tour à la magie du Parthénon,[10] qui lui vaut la révélation de l'art classique dans toute son harmonie:

> Tout l'art grec se révélait à lui, romantique, [...], c'est-à-dire la parfaite proportion de l'ensemble, la pureté absolue des lignes, la suavité incomparable de la couleur faite de blancheur, d'azur et de lumière.
> (315; *219*)

La 'vision rétrospective' du temple, rendu à sa splendeur originale, que lui procure Spirite, costumée alors comme 'une vierge des Panathénées descendue de sa frise' (316; *222*), ne sera éclipsée que par la beauté radieuse de cette nouvelle *belle Matineuse*. Le rapprochement avec le séjour de Gautier à Athènes en 1852 s'impose, d'autant plus que ses articles de 1854 sur l'Acropole furent réédités en 1865, année de publication de *Spirite*.[11]

La fin de *Spirite* nous ramène cependant de l'idéalisme philosophique et du *merveilleux* vers une réalité plus caricaturale où pointe un *fantastique* énigmatique, comme si l'auteur voulait en fin de compte ramener la fantaisie à ses véritables proportions, en relativisant le caractère extraordinaire de son récit ou du moins en l'appréhendant sous un angle différent. Le narrateur s'efface, laissant la responsabilité du dénouement surnaturel à deux personnages de nature disparate. C'est le guide Stavros, toujours traumatisé par la mort de Malivert aux mains des bandits grecs, qui décrit l'apparition merveilleuse de Spirite, venue transporter au Ciel l'âme de son amoureux, sans que le lecteur puisse trancher entre vérité et hallucination. La vision céleste sur laquelle l'œuvre se termine, où Féroë entrevoit les amants au centre d'une 'effervescence de lumière' (322; *234*), leurs âmes réunies formant 'un ange d'amour' (323; *235*), est-elle à mettre au compte d'une imagination surchauffée par la lecture du livre de Swedenborg qu'il tient entre ses mains, ou à consigner à la catégorie des désirs pris pour des réalités qui correspondent parfaitement à sa propre aspiration à l'au-delà?

Quoi qu'il en soit, il est difficile de voir en *Spirite* un roman occultiste au sens conventionnel. La coexistence dans le manuscrit, aussi bien que dans les lettres de Gautier, des noms 'Spirit' et 'Spirite', dont le premier évoque bien en anglais le spiritisme alors à la mode, témoigne sans doute de l'hésitation de l'auteur à ce sujet.[12] Selon Xavier Aubryet, écrivant dans *Le Moniteur universel* du 26 février 1866:

> Il eût été bien facile à Théophile Gautier, très mordant à ses heures, de persifler ce domaine de spiritisme, qui est le rendez-vous des plaisanteries vulgaires; en artiste au-dessus des incrédulités hargneuses, Théophile Gautier a préféré chercher dans ce bric-à-brac de la métaphysique les éléments d'une synthèse coquette; [...].

Il est certain que la conclusion de la nouvelle n'a pas plu à tout le monde. Un lecteur du *Moniteur universel* écrivit à Gautier le 15 décembre 1865 pour dire tout son enthousiasme devant 'les splendides beautés de forme' de 'ce ravissant poème', mais pour reprocher à l'auteur son dénouement 'd'une affligeante vulgarité'. Selon lui, il aurait fallu que le héros meure 'consumé par les enivrantes voluptés de son amour céleste'. Il approuve le choix de la Grèce, 'bien choisie pour recevoir le dernier soupir d'un artiste':

> Mais l'amant de Spirite n'y devait pas tomber sous la balle d'un bandit. En proie à la consomption, miné par la fièvre, ne pouvait-il, par exemple, expirer en face d'un spectacle grandiose de la nature hellénique, ou mieux encore dans le lit de Byron?   (*CG* IX, 142)

Il n'empêche que ce récit, mi-conte philosophique, mi-histoire extraordinaire, pour reprendre les termes de Pierre Laubriet (*Sp,* VII), relève d'une passion pour le fantastique comme moyen d'expression privilégié du désir à l'état idéal. Sur le plan de la thématique, *Spirite* est une véritable somme de l'œuvre fantastique de son auteur et s'inscrit aussi dans la tradition romantique d'ouvrages à caractère plus ou moins mystique. De nombreuses sources livresques, certaines ou probables, ont été mises en évidence par Jean Richer, Georges Poulet, Anne-Marie Lefebvre et Michel Crouzet.[13] Thomas Moore, le Balzac de *Séraphîta,* Nodier, Nerval, Heine, Poe, Swedenborg, Éliphas Lévi, Eudes de Miriville (dont, selon Maxime Du Camp, Gautier aurait lu la *Pneumatologie des esprits,* parue en 1853),[14] Richard de Caudemberg, Jean Reynaud, et Allan Kardec ont pu l'inspirer. Il ne faudrait pas négliger non plus les nombreuses interférences entre cette 'nouvelle fantastique' et les ballets de Gautier (surtout *La Péri* et *Gemma*), ainsi que ses feuilletons, comme l'ont montré André Lebois, Marcel Voisin, Pierre Laubriet et Michel Laporte,[15] car *Spirite* représente, en effet, le point culminant d'un certain fantastique gautiériste, où 'la révélation d'un bonheur rétrospectif' (*OF* II, 272; *Sp, 137*) résume le thème des amours impossibles qui est l'une des dominantes de ses récits depuis *La Cafetière* et *Omphale,* et où le rêve de Clarimonde ('l'amour est plus fort que la mort, et il finira par la vaincre' (*OF* I, 93)) sera enfin réalisé. Il nous semble probable que la lecture de Poe, qui traite souvent de la beauté féminine vouée à la mort, contribue ici à raviver chez Gautier le thème de la morte amoureuse.

Mademoiselle Dafné (1866)

Le 8 novembre 1852, Gautier rendit compte dans *La Presse* des *Mystères d'Udolphe,* opéra-comique de Scribe et de Delavigne, et y évoqua les grands motifs fantastiques, tels les 'escaliers en spirale', dont Ann Radcliffe 'a su tirer un parti si prodigieux dans ses romans fantastiques, émouvans (*sic*) et pénibles comme des cauchemars.' Il rajouta:

Nous les avons lus tous quand nous étions jeune, ces *Mystères d'Udolphe*, ce *Confessionnal des pénitents noirs*, ce *Château des Pyrénées*, vertigineuse architecture que Piranèse signerait de sa pointe d'aqua-fortiste sinistre; (...).

La juxtaposition de la rêverie piranésienne et du roman noir revient souvent sous la plume de Gautier.[16] Douze ans plus tard, il écrivait dans *Le Moniteur universel* du 30 mai 1864, à propos de *La Nonne sanglante*, drame d'Anicet Bourgeois et de Maillan:

(...) en notre qualité d'ancienne crinière romantique, nous aimons ces grandes machines plus compliquées que des charpentes de beffrois, plus mystérieuses que les romans d'Ann Radcliffe, où se promènent, une lampe à la main et un poignard au cœur, des personnages semblables à des spectres qui jettent, au détour d'un corridor, des hurlements d'épouvante et de rage. Une noire eau-forte à la Piranèse, dont les ténèbres sont traversées de quelques rayons trahissant de lointaines profondeurs, des perspectives d'arcs surbaissés, des escaliers menant à des étages de caveaux, nous semblent préférables à ces photographies de la réalité que le théâtre actuel encadre dans son passe-partout.

Là où Gautier avait reproché à Scribe et Delavigne de vouloir 'transformer en lithographies de romance ces noires eaux-fortes égratignées par la griffe de Smarra', leur opposant ainsi, implicitement, Nodier, et citant par surcroît les maîtres du genre diabolique, Hoffmann et Lewis, il félicite les auteurs de *La Nonne sanglante*, qui s'inspirent du célèbre épisode du *Moine*, de respecter le 'sérieux profond' des grands romans poétiques du dix-huitième siècle finissant, car 'L'imagination, même absurde, nous plaît mieux que la sage platitude'.

Si le drame lui rappelle les romans lus dans sa jeunesse, il suffit de lire l'analyse que Gautier consacre aux principales scènes de *La Nonne sanglante* pour se persuader qu'il s'inspire directement de son propre compte rendu en rédigeant sa dernière nouvelle, *Mademoiselle Dafné*, qui devait paraître deux ans plus tard. Le motif du ressort qui ouvre la trappe des oubliettes, la descente aux Catacombes, la longue errance à travers 'les dédales de ce labyrinthe souterrain', la vengeance manquée de Conrad (qui correspond à celle de Violanta dans la nouvelle), le terrible dénouement où le même Conrad, revoyant à l'état de fantôme celle qu'il croyait avoir tuée, et ne pouvant se débarrasser de cette vision vengeresse, allume un incendie où il trouve lui-même la mort (qui trouve son reflet, sur le mode mineur, dans le choc émotif qui achève Dafné lorsqu'elle retrouve Lothario, qu'elle croyait avoir précipité à sa mort par la trappe du souterrain), toutes les outrances du mélodrame servent à déclencher l'imagination du conteur. Gautier avait conclu son compte rendu de 1864 en constatant, à propos du drame et du mélodrame romantiques: 'C'est ainsi qu'on en faisait en 1835, et ils n'en étaient pas pires.' Cette remarque est d'autant plus significative, en ce qui concerne la genèse de son récit, que Gautier semble finalement vouloir prendre ses distances vis-à-vis de toute une littérature factice et frénétique, en la parodiant sous la forme d'un récit fantastique.[17]

Mademoiselle Dafné est, en effet, une parodie à part entière, où passent tour à tour, au moyen de références, implicites ou explicites, les grands du roman 'gothique' (Ann Radcliffe, dont les sombres châteaux et les mornes couvents extériorisent l'angoisse des victimes, et Lewis, dont le héros le plus scandaleux, le moine Ambrosio, prête son nom au fils illégitime de la noire Violanta), les dieux du théâtre romantique (le Hugo d'*Angelo* et le Musset de *Lorenzaccio*), et les maîtres du cauchemar pictural (le Goya des *Désastres de la guerre* et le Piranèse des *Prisons*). Ce sont là, bien entendu, des points de repère culturels souvent exploités par Gautier, mais qui perdent ici, tant leur foisonnement semble gratuit, toute valeur référentielle, car il s'agit d'entasser les clichés les uns sur les autres, afin de mettre à nu les ficelles du genre fantastique. Non que *Mademoiselle Dafné de Boisfleury, eau-forte à la Piranèse,* pour revenir à la désignation du manuscrit, pas plus que *Mademoiselle Dafné de Montbriand, eau-forte dans la manière de Piranèse,* pour reprendre les variantes du titre et du sous-titre lors de la publication préoriginale en revue, soit un récit fantastique au sens propre, mais Gautier y use de tous les procédés conventionnels pour créer une atmosphère d'*inquiétante étrangeté*. Les canines de la belle demi-mondaine, lit-on, 'faisaient penser à la denture des Elfes et des Nixes' (*MD* (*TLF*), 31; *MD*, 4), les statues mutilées de son jardin produisent un 'effet inquiétant' (34; *10*), d'autres sculptures représentent des sujets violents ou lourds de menace (36; *13*), le décor extérieur se théâtralise (35; *12*), la chambre de Dafné réalise 'une décoration de mélodrame' (47; *35*), les figures héraldiques avec 'leurs ombres déformées et spectrales' semblent faire pendant aux invités qui arrivent 'comme des fantômes' (38; *17*), tout relève de cette surdétermination sémantique qui est le propre du discours fantastique. À la faveur de ces comparaisons apparemment symboliques s'ébauchent des motifs qui pourraient aussi servir à l'éclosion du fantastique; Lothario, prenant pour déguisement de carnaval le costume de César Borgia dans le portrait de Raphaël, fait croire que le personnage 'était revenu au monde' (43; *26*), résurrection factice qui annonce de loin celle qui fera croire à Dafné que 'les morts reviennent' (64; *65*) et la tuera; Lothario encore, en proie à des hallucinations, assiste à l'animation de statues et de peintures qui exécutent 'des sarabandes d'une nudité mythologique' (61; *59*), mais sa réaction (déjà implicite dans cette formule du narrateur) se réduit à une boutade, comme si l'auteur, par ce renvoi ironique aux thèmes d'élection de ses premiers contes fantastiques, voulait signaler sournoisement son passage de la parodie à l'autoparodie, de même qu'il avait semblé, en évoquant les cascines à Florence et *Othello* (46–47; *33–34*), établir une comparaison burlesque entre l'immorale Diane et la vertueuse Prascovie d'*Avatar*, nouvelle qui exploite les mêmes références dans un but différent. En recourant à l'intertexte romantique, Gautier ne manque pas non plus de citer ses topoi préférés, depuis la célèbre gravure imaginaire de Piranèse décrite par Thomas de Quincey[18] et les ruines gothiques du roman terrifiant, 'hantées de fantômes traînant des ferrailles' (59; *57*), jusqu'à cette énumération qui parodie la littérature frénétique: 'Les larves, les lémures, les lamies, les empouses, les stryges valent bien les brucolaques, les goules, les aspioles, les égregores et toute la hideuse population nocturne des lieux abandonnés (...)' (59–60; *57*).

La désinvolture du narrateur et le cynisme des personnages impriment à ce texte une tonalité plus sombre que celle des récits fantastiques antérieurs, et pourtant il faut y faire la part de l'humour noir. Deux variantes rajoutées dans la version du récit intitulée *Le Prince Lothario* en avril 1872 semblent pousser le dénouement de la nouvelle vers la dérision absolue. Ainsi, Dafné, au moment où elle revoit Lothario, qu'elle prend pour un fantôme, a-t-elle 'trop soupé', et Lothario, tandis qu'elle agonise, '[rit] de l'effroi de Dafné' (*La Gazette de Paris*, dernière livraison, 9 avril, 1872).

S'agit-il pour Gautier, comme le suggère Marcel Voisin, de se défaire de certaines obsessions en les banalisant par le moyen d'un humour défensif et en parodiant les conventions du genre?[19] Faut-il y voir, comme le veut Marie-Claude Schapira, 'le complément nécessaire de *Spirite*'?[20] Certes, à l'idéalisme romantique et sentimental de la nouvelle publiée quelques mois plus tôt, succède l'ironie sauvage de *Mademoiselle Dafné*, mais Gautier semble aussi vouloir renouer avec le ludisme de certains textes des années 1830, et effectuer dans ce récit valétudinaire un retour vers un autre romantisme, à la fois plus frénétique et plus mondain, pour montrer que là où le parcours initiatique de Malivert débouchait dans la lumière théosophique, la traversée du labyrinthe de Lothario s'ouvre sur le vide social. A l'onirisme aérien de l'un, valorisé par le swedenborgisme, s'opposent la descente aux enfers de l'inconscient et la dévalorisation morale de l'autre. En ce sens, *Mademoiselle Dafné* est bien la contrepartie de *Spirite*. La dernière nouvelle de Gautier appartient encore, par ses descriptions minutieuses, à la manière des récits fantastiques depuis *Arria Marcella*, mais n'en constitue pas moins un adieu satirique au genre.

VIII
Motifs récurrents et continuité thématique

Chez Gautier, l'éclosion du fantastique est souvent annoncée par un phénomène auditif. Avant que la tapisserie ne s'anime dans *Omphale*, le héros constate: 'J'entendis les anneaux des rideaux de mon lit glisser sur leurs tringles [...]' (*OF* I, 61). Dans *La Morte amoureuse*, le même son précède l'apparition de Clarimonde: 'J'avais à peine bu les premières gorgées du sommeil, que j'entendis ouvrir les rideaux de mon lit et glisser les anneaux sur les tringles avec un bruit éclatant; [...] je vis une ombre de femme qui se tenait debout devant moi.' (*OF* I, 92). De même, dans *Arria Marcella*, le bruit prélude à l'apparition du père qui vient rompre l'idylle: 'Tout à coup les anneaux d'airain de la portière qui fermait la chambre glissèrent sur leur tringle, et un vieillard d'aspect sévère [...] parut sur le seuil' (*OF* I, 222). Ces détails, qui annoncent, tels des *leitmotivs*, la présence de l'*autre* mystérieux, viennent renforcer une tendance plus générale chez Gautier, qui fait de la musique un élément structurant de ses récits fantastiques, depuis *La Cafetière* jusqu'à *Spirite*, en passant par *Le Nid de rossignols*, *Deux Acteurs pour un rôle* et *Le Club des hachichins*.[1]
La musique, source d'effets synesthésiques qui estompent les contours du réel, ouvre la voie au fantastique. Ainsi le narrateur du *Club des hachichins* se laisse-t-il transpercer par la musique, s'appropriant 'l'âme' de Weber et s'agitant les doigts 'sur un clavier absent', d'où 'les sons en jaillissaient bleus et rouges, en étincelles électriques' (*OF* I, 183), et le héros de *Spirite* perçoit-il les mélodies de la revenante sous la forme de 'vibrations visibles et colorées', qui 'se répandent à travers l'atmosphère de la chambre par ondulations lumineuses' (*OF* II, 298). La musique exerce alors une fonction médiatrice entre le monde quotidien et un univers idéal. Cette transition s'effectue dans *Le Club des hachichins* par l'air d'Agathe dans le *Freyschütz* (Acte II, sc. i), 'mélodie céleste' qui dissipe, 'comme un souffle qui balaie des nuées informes', 'les visions ridicules' dont le

narrateur est obsédé (*OF* I, 183), et dans *Spirite* par 'une mélodie d'une puissance et d'une douceur incomparables, où Guy reconnut une de ses poésies, — celle qu'il aimait le mieux, — transposée de la langue du vers dans la langue de la musique' (*OF* II, 297). Un morceau de Weber permet aussi à Prascovie dans *Avatar* de conjurer l'âme de son mari absent 'dans le tourbillon sonore des notes' (*OF* II, 73), de même que le duettino dans le goût de Cimarosa, chanté par Alicia dans *Jettatura*, fait monter l'âme de son fiancé 'dans un air pur et lumineux', car, dit le narrateur, en prenant au pied de la lettre une expression proverbiale (procédé fréquent chez les fantastiqueurs), 'La musique a le pouvoir de chasser les mauvais esprits [...]' (*OF* II, 151).

Dans les récits fantastiques de Gautier, c'est cependant la vue autant que l'ouïe qui caractérise l'expérience de l'au-delà. Là où l'exaltation musicale entraîne le sujet vers l'extra-monde, la vision extatique exprime la nostalgie d'une beauté surnaturelle. Le caractère éphémère de la beauté féminine trouve à maintes reprises son expression dans une brève notation descriptive, empruntée au *Violon de Crémone* (*Rat Krespel*) de Hoffmann,[2] qui rapproche l'idéal physique de l'omniprésence de la mort. Ainsi, Fleurette et Isabeau dans *Le Nid de rossignols*, qui souffrent de 'la maladie de la musique' (*N*, 255), portent sur leurs pommettes une petite tache rouge qui s'élargit à mesure qu'elles chantent, et finit par couvrir 'presque toutes les joues' (*N*, 258) au moment où elles rendent leur dernier son. Ce détail, qui évoque en premier lieu la phtisie, en vient à désigner l'idéalisme artistique, car les sœurs meurent pour avoir trop chanté. L'observation 'la musique briserait l'instrument' (*N*, 258) renvoie directement au récit d'Hoffmann, où le violon de Krespel se brise symboliquement lors de la mort d'Antonia. Gautier se souvient de ce motif, destiné à revenir plus d'une fois dans son œuvre fantastique, lorsqu'il évoque, dans un compte rendu de 1851 consacré aux *Contes d'Hoffmann* de Barbier et de Carré, ces mêmes petites taches rouges, qui en s'agrandissant, annoncent la mort d'Antonia.[3] *La Pipe d'opium* reprend le motif tragique à propos de Carlotta, chanteuse morte jeune: 'Deux petites taches rouges empourpraient le haut de ses pommettes, [...]' (*OF* I, 115). Dans *L'Âme de la maison*, Maria porte les 'deux taches vermeilles' qui signalent qu'elle est poitrinaire et mettent en relief la fragilité d'une vie vouée à la mort:

[...] les couleurs de ses joues, concentrées sur le haut des pommettes en petit nuage rose, ajoutaient encore à l'éclat divin de ces yeux surnaturels où se concentrait une vie près de s'envoler; les anges du ciel semblaient regarder la terre par ces yeux-là. (*PT*, 128)

On retrouve le motif chez Poe, par exemple dans *Morella*, nouvelle fortement teintée de mysticisme et qui fut traduite par Baudelaire dès 1853,[4] où le narrateur constate, alors que l'héroïne est à l'agonie : '[...] une tache pourpre se fixa immuablement sur sa joue [...]'.[5] Gautier recourt encore au même détail dans *Jettatura*:

> Alicia était en ce moment d'une beauté radieuse, alarmante, presque surnaturelle, [...]. Le blanc de ses yeux prenait des tons d'argent bruni et faisait étinceler les prunelles comme des étoiles d'un noir lumineux; ses joues se nuançaient aux pommettes d'un rose idéal, d'une pureté et d'une ardeur célestes [...]. (*OF* II, 154)

Le motif s'impose à mesure que le narrateur le reprend:

> Elle était d'une blancheur extrême; seulement deux petites taches semblables à des feuilles de rose du Bengale tombées sur une coupe de lait nageaient sur sa pâleur. (*OF* II, 159)

Il ne fait aucun doute que les taches présagent la mort. La mère d'Alicia, morte bien des années plus tôt, lui apparaît en rêve:

> L'ombre était vêtue d'une robe de mousseline dont les plis traînaient à terre; de longues spirales de cheveux noirs, à moitié détordues, pleuraient le long de son visage pâle, marqué de deux petites taches roses aux pommettes; [...]. (*OF* II, 166)

Loin d'être banal, ce motif se constitue en une constante de l'imaginaire de Gautier et le rapproche, dans l'intertexte fantastique, de Hoffmann et de Poe.

Le caractère surnaturel d'une beauté dont l'éclat se rehausse face à la mort trouve aussi son expression dans un motif complémentaire. Le héros de *La Cafetière*, cédant à une extase qui fait transcender la réalité spatio-temporelle, constate:

> [...] mon âme, dégagée de sa prison de boue, nageait dans le vague et l'infini; je comprenais ce que nul homme ne peut comprendre, les pensées d'Angéla se révélant à moi sans qu'elle eût besoin de parler; car son âme brillait dans son corps comme une lampe d'albâtre, et les rayons partis de sa poitrine perçaient la mienne de part en part. (*OF* I, 16–17)

Cette perméabilité est aussi celle des doigts de Clarimonde dans *La Morte amoureuse*, 'd'une si idéale transparence qu'ils laissaient passer le jour comme ceux de l'Aurore' (*OF* I, 78), ainsi que de ses mains 'plus diaphanes que des hosties' (*OF* I, 89), de la chair de Carlotta dans *La Pipe d'opium*, avec sa 'blonde transparence' (*OF* I, 115), et du corps d'Ayesha dans *La Mille et deuxième nuit*:

> [...] les joues de la princesse s'éclairaient et se coloraient comme une lampe d'albâtre que l'on vient d'allumer. Ses yeux étoilaient et lançaient des rayons d'une clarté extraordinaire, son corps devenait comme transparent, [...] (*RC*, 345)

La radieuse beauté de Prascovie dans *Avatar* se traduit par la même métaphore, ainsi que par une référence littéraire:

> [...] l'âme lui venait à la peau, pour ainsi dire, et se faisait visible. Sa blancheur s'illuminait comme l'albâtre d'une lampe d'un rayon intérieur; il y avait dans son teint de ces scintillations phosphorescentes, de ces tremblements lumineux dont parle Dante lorsqu'il peint les splendeurs du paradis; on eût dit un ange se détachant en clair sur un soleil. (*OF* II, 27)

On lit à propos de l'héroïne de *Jettatura* que 'toute sa chair semblait pénétrée de rayons: on eût dit que l'âme lui venait à la peau' (*OF* II, 154), et encore:

> La beauté d'Alicia se spiritualisait par la souffrance; la femme avait presque disparu pour faire place à l'ange; ses chairs étaient

transparentes, éthérées, lumineuses; on apercevait l'âme à travers comme une lueur dans une lampe d'albâtre. (*OF* II, 176–177)

Il ne faudrait pas voir en de telles répétitions la carence de l'imagination d'un auteur à qui on a souvent reproché de ne pas compter parmi les grands imaginatifs de la littérature. Au contraire, ces motifs récurrents témoignent, au niveau micro-textuel, des préoccupations obsessionnelles qui sous-tendent la structure de l'œuvre fantastique et merveilleuse. Depuis les thèmes qu'on pourrait qualifier de mineurs (la vie des objets, le pouvoir évocateur de la musique), en passant par ceux à caractère plus personnel (les paradis artificiels, le mauvais œil), jusqu'aux thèmes majeurs empruntés à la tradition de la littérature fantastique (le dédoublement, la quête de la beauté surnaturelle, la conquête du temps), Gautier imprime à ses récits une densité et une continuité thématiques qui ne trouvent leur égale au 19e siècle que chez Hoffmann et chez Poe. C'est cette consistance interne qui fait les délices de la critique psychanalytique,[6] et qui nous autorise à traiter comme un ensemble cohérent des récits qui s'échelonnent sur trente-six ans, qui appartiennent à des genres divers, et que l'auteur ne songea jamais à réunir.

Notes

Chapitre I. Le fantastique selon Théophile Gautier

1. R. Caillois, *Fantastique* (Club français du livre, 1958), 3 [*Introduction*]. Voir aussi *Images, images* ... (Corti, 1966), 14–15.
2. P.-G. Castex, *Le Conte fantastique en France de Nodier à Maupassant* (Corti, 1951), 8.
3. *Cahiers de l'Association internationale des études françaises* 32, mai 1980, 259–260.
4. R. Caillois, *Fantastique*, 4.
5. L. Vax, *La Séduction de l'étrange* (PUF, 1965), 173.
6. J. Pierrot, *Merveilleux et fantastique. Une histoire de l'imaginaire dans la prose française du romantisme à la décadence, 1850–1900.* (Thèse, Lille III, 1975), 33–34. Voir aussi *L'imaginaire décadent* (PUF, 1977).
7. T. Todorov, *Introduction à la littérature fantastique* (Le Seuil, 1970), 36.
8. E. Hello, 'Du genre fantastique', *Revue française* XV, nov. 1858 [31–40], 35.
9. J.-J. Ampère, *Littérature et Voyages* (Paulin, 1833), 326. (Il s'agit d'un compte rendu, paru dans *Le Globe* du 2 août 1828, de l'œuvre de Hitzig sur Hoffmann).
10. *Œuvres complètes d'E.T.A. Hoffmann traduites par M. Loève-Veimars. Contes fantastiques I–IV* (Renduel, 1829).
11. *Revue de Paris* I, 1829, 25–33. (Il s'agit d'une traduction abrégée de l'article 'On the Supernatural in Fictitious Composition', paru dans *The Foreign Quarterly Review* I, juillet 1827, 60–98). Voir à ce propos P.-G. Castex, 'Walter Scott contre Hoffmann, les épisodes

d'une rivalité littéraire', in *Mélanges offerts à Daniel Mornet* (Nizet, 1950).

12. *Revue de Paris* XX, novembre 1830, 205–226 (*Du fantastique en littérature*), et *Revue de Paris* XXIII, février 1831, 31–46 (*De quelques phénomènes du sommeil*).
13. *Souvenirs de théâtre, d'art et de critique* (Charpentier, 1883), 43.
14. *Ibid.*, 45.
15. *Ibid.*, 46.
16. *Ibid.*, 48.
17. *Portraits et Souvenirs littéraires* (Charpentier, 1892), 316–317.
18. *Ibid.*, 311, 312.
19. *Ibid.*, 313.
20. *Ibid.*, 217–218.
21. *Ibid.*, 249.
22. *Portraits contemporains* (Charpentier, 1874), 160.
23. *HAD* I, 201–202.
24. *L'Orient* II (Charpentier, 1877), 102.

Chapitre II. Grotesque, sublime et ironie romantique (1830–1836)

Cauchemar d'un mangeur (1831)

1. Voir Jean Richer, 'Restitution à Théophile Gautier de deux contes attribués à Gèrard de Nerval', *RLC* 35, 1961, 251–253. (L'attribution de *Soirée d'automne* (1836) à Gautier nous paraît douteuse.)
2. Voir Peter Whyte, 'Deux emprunts de Gautier à Washington Irving', *RLC* 38, 1964, 572–577.

3. Marie-Claude Schapira, 'Théophile Gautier, l'Orient et *Le Gastronome*', *RHLF* 68, 1968, 815–828. Voir aussi, à ce sujet, l'échange de lettres entre Mme Schapira et nous-même dans cette même revue (71, 1971, 349–351).
4. Marie-Claude Amblard, 'Les *contes fantastiques* de Gérard de Nerval', *RLC* 46, 1972, 194–208.
5. *Cauchemar d'un mangeur* fut reproduit dans certaines éditions de Nerval jusqu'en 1952. Voir *Œuvres complètes. Nouvelles* (éd. Jules Marsan) (H. Champion, 1928), 135–137, et *Œuvres* (éd. Jean Richer et Albert Béguin) (Gallimard, 'Bibliothèque de la Pléiade', 1952), t. I, 482–483.
6. On sait que vers cette époque Gautier et Nerval projetaient un ouvrage 'par deux gentilshommes périgourdins' qui ne vit jamais le jour.

La Cafetière (1831)

7. Les dix-neuf volumes de la traduction de Loève-Veimars furent publiés par Renduel en 1829–1830. Les traductions de Toussenel furent publiées en 1830 chez J. Lefebvre.
8. *Bonheur au jeu* se trouve dans le tome III de la traduction de Loève-Veimars (1829). *La Cour d'Artus* fut traduite dans la *Revue de Paris* du 17 août 1829 et dans le tome VIII de la traduction de Loève-Veimars (1830).
9. Le nom de Théodore, qui figure dans les conversations qui encadrent les récits des *Frères Sérapion* d'Hoffmann, se trouve par exemple dans *Sous la table* (1833) et *Mademoiselle de Maupin* (1835).
10. Voir notre article, 'Deux emprunts de Gautier à Washington Irving', *RLC* 38, 1964, 572–577.
11. *La Chambre tapissée* se trouve dans le tome CXLV des *Œuvres complètes* de Walter Scott (Gosselin, 1820). *L'Aventure de mon oncle* et *Le Hardi dragon* font partie des *Contes d'un voyageur* de Washington Irving qui furent traduits à trois reprises en 1825: *Œuvres complètes de M. Washington Irving* (trad. Lebègue d'Auteuil)

(Boulland et Cie, 1825, 4 vol.); *Contes d'un voyageur* (trad. Mme Adèle Beauregard) (Lecointe et Durey, 1825, 4 vol.); *Historiettes d'un voyageur* (Carpentier-Méricourt, 1825, 4 vol.). Nous avons lieu de croire que c'est à la traduction établie par Lebègue d'Auteuil que Gautier a eu recours.

12. Comme le constate Jean Gaudon dans Théophile Gautier, *La Morte amoureuse, Avatar et autres récits fantastiques* (Gallimard, 'Folio', 1981), 473. Voir à ce propos Max Milner, *Le Diable dans la littérature française* t. I (Corti, 1960), 473 sq..

13. Le rapprochement a été fait par Henriette Velthuis, *Théophile Gautier: l'homme, l'artiste* (Groningen, 1924), 90.

14. Voir Pierre Laszlo, 'Que la fête recommence', *Stanford French Review* 9, 1985, 47–59. Les références à Boucher se trouvent aux pages 56–57. Laszlo évoque *La Toilette*, mais on pourrait penser à d'autres tableaux, tel *Le Déjeuner*, qui est au Louvre.

14a. Sur les rapports entre cette variante et 'Le Marais', voir H. Cockerham, *Poésies (1830)* (Athlone Press, 1973), 108–109.

Onuphrius (1832)

15. Voir Pierre-Georges Castex, *Anthologie du conte fantastique français* (nouvelle édition) (Corti, 1963), 43–44.

16. Voir Théophile Gautier, *Récits fantastiques* (éd. Marc Eigeldinger) (Garnier-Flammarion, 1981), 64.

17. Rapin comme Onuphrius, Gautier fréquentait le même quartier de Paris que son héros et avait lui-même composé vers la fin de 1831 *La Vie dans la mort*, qui devait paraître dans *Le Cabinet de lecture* du 29 octobre 1832, donc deux mois après la publication d'*Onuphrius*.

18. Les variantes manuscrites se trouvent dans *HOTG* I, 36–38 et sont reproduites dans plusieurs éditions modernes. Voir aussi l'édition des *Jeunes France* procurée par R. Jasinski (Flammarion, 'Nouvelle Bibliothèque Romantique', 1974) et les observations de M. Crouzet (*OF*, 238, n. 18; 251, n. 80).

19. André Monchoux, *L'Allemagne devant les lettres françaises 1814–1835* (seconde édition) (Armand Colin, 1965), 425.
20. Dans *La France littéraire* d'août 1832, on lisait 'El sueno de la razon produce monstruos. GOYA.' Dans *Le Cabinet de lecture* du 4 octobre 1832, on lisait 'El gueno de la ragoya produce monstruos' (*sans attribution*).
21. René Jasinski, *Les Années romantiques de Théophile Gautier* (Vuibert, 1929), 139.
22. Marie-Claude Schapira, *Le Regard de Narcisse* (Presses universitaires de Lyon, 1984), 73.
23. Marcel Voisin, *Le Soleil et la nuit* (Éditions de l'Université de Bruxelles, 1981), 176 et 338.

Albertus (1832)

24. Le poème est une véritable mosaïque de souvenirs livresques, comme l'a montré René Jasinski, *Les Années romantiques de Théophile Gautier* (Vuibert, 1929), ch. IV.
25. Aujourd'hui, boulevard des Italiens.

Le Nid de rossignols (1833)

26. Nous avons analysé en détail la portée musicale de ce texte dans 'Autour du *Nid de rossignols* et de la conception romantique du musicien', *BSTG* 8, 1986, 25–34. Nous reprenons ici quelques éléments de cette étude.
27. Sur la notion de *rococo* musical, voir les remarques pertinentes d'Anne Bouchard dans *Fortunio et autres nouvelles* (Lausanne, l'Âge d'Homme, 1977), 16.
28. Énumération: 'Il vint des ducs, des princes, pour les demander en mariage; l'Empereur de Trébizonde et le soudan d'Égypte envoyèrent des ambassadeurs [...]' (*N*, 254). Itération: 'Les maîtres les plus

célèbres venaient de très loin pour les entendre [...]. [...]les chérubins du ciel venaient à la croisée[...].' (*N*, 255).

29. Dans le fragment d'article inédit reproduit par Lovenjoul (*HOTG* I, 11–15), il est question de *La Cour d'Artus* et d'*Agafia*, récits qui se trouvent aussi dans le tome VIII de la traduction de Loève-Veimars. Il faut admettre cependant que Gautier ne se réfère explicitement à *Gluck*, ni dans ce fragment, ni dans son étude sur Hoffmann dans la *Chronique de Paris* du 14 août 1836.

30. Voir *HAD* I, 88; II, 40.

31. L'histoire du rossignol qui succombe en chantant est racontée par Famianus Strada dans ses *Prolusiones* (1617), sous le titre 'Fidicinis et Philomelae Bellum Musicum'. Il s'agit d'un exercice de virtuose souvent imité au 17e siècle.

Omphale (1834)

32. C'est au Chapitre Douzième de *Mademoiselle de Maupin* que l'héroïne évoque, devant une tapisserie de Flandre, sa préoccupation avec 'ce monde fantastique créé par les ouvriers de haute lisse', et fait état de son anxiété en entrant dans une chambre tapissée avec 'Toutes ces figures debout contre la muraille, et auxquelles l'ondulation de l'étoffe et le jeu de la lumière prêtent une espèce de vie fantastique, [...]'. (Paris, Imprimerie nationale, 1979, 304). Gautier raconte lui-même dans le troisième chapitre de son *Voyage en Russie* comment il refusa de se coucher dans une chambre que son hôte considérait 'd'un rococo très-rassurant contre les terreurs nocturnes' parce qu'il y avait un grand lit de tapisserie, dont la tenture consistait en peintures à la détrempe et: 'Nous n'aimons pas à voir autour de nous, dans le silence et la solitude, aux faibles clartés d'une lampe ou d'une bougie, ces figures qui semblent vouloir se détacher de la muraille et vous demander l'âme que le peintre a oublié de leur donner.' (Charpentier, 1866, t. I, 60, et 1878 [édition en un seul volume], 37).

33. Sur le désir refoulé dans *Omphale*, voir les analyses subtiles de Rae Beth Gordon dans 'Encadrer la tapisserie amoureuse', *BSTG* 7, 1985, 135–150.
34. C'est à Hervé Alvado que revient le mérite d'avoir le premier identifié cette référence à la romance 'Ma Zétulbé, viens régner sur mon âme ...' (Théophile Gautier, *Contes fantastiques* (Classiques Hachette, 1992), 71.

La Morte amoureuse (1836)

35. *Portraits contemporains* (Charpentier, 1874), 73.
36. Clarimonde parle de changer de toilette, 'car celle-ci est un peu succincte et ne vaut pas pour le voyage' (*OF* I, 94). Ayant observé son amante en train de boire son sang, Romuald constate que la scène 'm'inspira d'étranges doutes à l'endroit de Clarimonde' (*OF* I, 98).
37. Traduit dès 1797, *Le Moine* connut de nombreuses réimpressions au dix-neuvième siècle. Deux nouvelles traductions, parues à l'époque romantique, dûes à l'abbé Morellet (Cadeau, 2 vol., 1838) et à Léon de Wailly (Delloye, 1840), sont postérieures à *La Morte amoureuse*.
38. Gautier se réfère à *L'Élixir du diable* en 1845 dans *Zigzags* (cf. *Caprices et Zigzags*, Lecou, 1852, 18). Il connaissait sans doute un échantillon du roman traduit par Nerval (voir Gérard de Nerval, *Œuvres complémentaires* (Minard, 1965), 377.)
39. Saint Romuald, né à Ravenne vers 956 et mort en 1027, fonda l'ordre de religieux bénédictins établi à Camaldoli en Toscane.
40. Jean Bellemin-Noël a le premier suggéré cette interprétation du nom de Clarimonde ('Notes sur le fantastique. Textes de Théophile Gautier', *Littérature*, 8, 1972, [3–23] 12.) En suivant cette indication, Michel Crouzet met l'accent surtout sur la clarté (*OF* I, 260, n.19).
41. Le bref récit d'Hoffmann, intitulé *Vampirismus* dans la plupart des éditions allemandes, parut sous le titre *Le Comte Hippolyte* dans les *Œuvres complètes d'E.T.A. Hoffmann*, t. X (trad. par Toussenel) (J. Lefebvre, 1830). Comme l'indique Crouzet (*OF* I, 266, n. 69), il se

peut que Gautier y ait puisé le motif du narcotique que la femme-vampire verse à son compagnon. *Le Vampire*, mélodrame de Nodier, Carmouche et Jouffroy, date de 1820. *La Guzla* de Mérimée parut en 1827. Il est intéressant de constater que déjà en 1835 Gogol et Poe avaient cherché à renouveler ce même thème rebattu, dans *Vij* et dans *Bérénice*. Gautier n'aurait pu cependant prendre connaissance de ces textes que bien des années plus tard. *Vij*, traduit sous le titre *Le Roi des gnomes* par Louis Viardot (Gogol, *Nouvelles* (Paulin, 1845)) suscita l'admiration de Mérimée, qui fit remarquer: 'Maintenant que le fantastique allemand est un peu usé, le fantastique cosaque aura des charmes tout nouveaux [...]' ('Nicolas Gogol', *Revue des Deux Mondes*, XII, 1851, 631). *Bérénice* fut traduite par Baudelaire dans *L'Illustration* (17 avril 1852); le texte fut reproduit dans *Le Pays* (2 août 1854) et entra par la suite dans les *Nouvelles Histoires extraordinaires* de Poe (M. Lévy, 1857).

42. Voir à ce propos Jean Decottignies, 'À propos de *La Morte amoureuse*: fiction et idéologie dans le récit fantastique', *RHLF* 72, 1972, 616–625.

43. *Œuvres complètes d'E.T.A. Hoffmann*, t. VIII, 166 (trad. par Toussenel) (J. Lefebvre, 1830).

44. *Ibid.*, 170. *La Princesse Brambilla* occupe les tomes VII et VIII de cette traduction.

45. Après la première chevauchée fantastique, Romuald constate: 'D'abord je pensai que j'avais été le jouet d'une illusion magique; mais des circonstances réelles et palpables détruisirent bientôt cette supposition. Je ne pouvais croire que j'avais rêvé, puisque Barbara avait vu comme moi l'homme aux deux chevaux noirs et qu'elle en décrivait l'ajustement et la tournure avec exactitude. Cependant personne ne connaissait dans les environs un château auquel s'appliquât la description du château où j'avais retrouvé Clarimonde' (*OF* I, 90–91).

46. Voir à ce propos notre article, 'Du mode narratif dans les récits fantastiques de Gautier', *BSTG* 6, 1984, 1–19.

47. Nous empruntons cette comparaison à Alain Montandon, 'Gautier et Balzac. À propos de *La Morte amoureuse*', *BSTG* 15, 1993, [263–286], 274–275.
48. La terminologie est celle de T. Todorov, *Introduction à la littérature fantastique* (Le Seuil, 1970), 58.
49. Voir Jean Decottignies, *art. cit.*, 624, et Alain Montandon, *art. cit.*, *passim*. Ce dernier considère que Sérapion représente Balzac et une 'écriture parfaitement maîtrisée', que Clarimonde représente Gautier et 'la pulsion libidinale de l'artiste', et que la conscience de Romuald est le champ de bataille du principe de réalité et du principe de plaisir. Les chevauchées nocturnes signifieraient alors l'entrée dans 'l'écriture libidinale et fantastique' (277).
50. Jacques Finné, *La Littérature fantastique* (Éditions de l'Université de Bruxelles, 1980), 161.

Chapitre III. Les Paradis artificiels (1838–1846)

La Pipe d'opium (1838)

1. Sur Marix, voir Jean Ziegler, *Gautier, Baudelaire. Un carré de dames* (Nizet, 1978). Gautier décrit cette femme d'une beauté légendaire dans son étude sur Baudelaire (*L'Univers illustré*, 7 mars–8 avril 1868). Il évoque une visite qu'il fit chez elle dans le Schleswig-Holstein dans le *Voyage en Russie* (Charpentier, 1867), t. I, 37–71.
2. La Cydalise mourut de la phtisie en 1836, au grand désespoir des poètes et artistes de la bohème du Doyenné. Sur l'identité de cette femme, voir l'hypothèse de Jean Senelier, 'Clartés sur la Cydalise', *Studi francesi* XLII, 1970, 451–461.
3. Il semble peu probable que Carlotta, cantatrice de *La Pipe d'opium*, soit la danseuse Carlotta Grisi. Il est vrai que celle-ci dansait à Paris depuis 1836, mais les rapports de Gautier et de celle qui devait

triompher dans *Giselle* (1841) et dans *La Péri* (1843) ne remontent pas au-delà de 1840, année où il parle d'elle pour la première fois dans *La Presse* du 2 mars.

4. Ce compte rendu, qui prend la forme d'une lettre à Nerval, fut réimprimé dans *Théâtre* (Charpentier, nouvelle édition, 1882); notre citation est à la page 295. Voir aussi *CG* II, 40-48 [lettre du 25 juillet 1843].

Le Club des hachichins (1846)

5. Cet article fut réimprimé dans *Portraits et Souvenirs littéraires* (Michel Lévy, 1875). Il a fait l'objet d'une savante étude de Claude-Marie Senninger dans son édition de *Baudelaire par Gautier* (Klincksieck, 1986).
6. Alphonse Karr, *Le Livre de bord* (Calmann-Lévy, 4 vol., 1879-1880), t. III, 205-207.
7. *Portraits et Souvenirs littéraires*, 268.
8. *CG* II, 292-293 et 315.
9. Joseph Hammer-Purgstall, *Histoire de l'Ordre des Assassins* (Paulin, 1833). Voir, sur le Vieux de la Montagne, 213-216, sur l'étymologie d'*assassin*, 353-354 et les appendices (où est reproduit le *Mémoire sur la dynastie des Assassins et sur l'origine de leur nom* (1809) de Sylvestre de Sacy), sur Saint-Louis, 364.
10. Voir *CG* II, 240-241. Dans un nouveau traité, signé le 15 décembre 1850, Gautier reconnaissait devoir 500 francs à Delavigne pour ne pas avoir livré cet ouvrage (*CG* IV, 274-275). Selon Bergerat, Gautier aurait projeté d'écrire la légende du *Prince des Assassins* en utilisant les notes de Clermont Ganneau (*Théophile Gautier. Entretiens, Souvenirs et Correspondance* (Charpentier, 1911), 136-138. Voir aussi Lovenjoul, *Les Lundis d'un chercheur* (Genève, Slatkine, 1968), 40-45.
11. *Portraits et Souvenirs littéraires*, 269.

12. *Ibid.*, 271–272.
13. Moreau de Tours reproduisit la quasi-totalité de l'article de Gautier dans *Des hallucinations* (1845). G. Ponnau signale que l'article fut reproduit intégralement dans les *Annales médico-légales* en 1843 et dans le *Journal du Magnétisme* en 1845 (*La Folie dans la littérature fantastique* (CNRS, 1990), 41–42). Voir aussi 'Les paradis artificiels de Théophile Gautier' (*OF* II, xxxvii–xl) de M. Crouzet, qui reproduit la partie du feuilleton de *la Presse* du 10 juillet 1843 qui traite du haschisch (*ibid.*, xxxii–xxxvi).
14. L'expression est de Crouzet (*OF* I, 105).
15. Voir à ce propos, Harry Cockerham, 'Gautier: from hallucination to supernatural vision', *Yale French Studies* 50, 1974, 42–53.
16. Voir Luzius Keller, *Piranèse et les romantiques français* (Corti, 1966), et Jean Seznec, *John Martin en France* (Faber & Faber, 1964).
17. Selon A. Gann, il faudrait voir dans la partie musicale du récit l'influence du *Chevalier Gluck* de Hoffmann ('La musique, élément structurant dans les récits fantastiques de Gautier', *BSTG* 6, 1984, 73–82).
18. *Portraits et Souvenirs littéraires*, 306–307.
19. Alfred de Musset avait adapté le texte de Quincey, qu'il fit publier chez Mame et Delaunay-Vallée en 1828, mais cette édition n'eut pas sur les écrivains des années 1830 et 1840 l'influence que la version originale des *Confessions of an English Opium Eater* devait avoir plus tard sur Baudelaire, qui en traduisit des extraits.
20. *Portraits et Souvenirs littéraires*, 286.

Chapitre IV. Pastiche et exotisme (1839–1849)

L'Âme de la maison (1839)

1. Sur les éditions de *L'Âme de la maison* voir *HOTG* I, N° 434.

2. Voir à ce propos: Claude Pichois, 'Gérard, traducteur de Jean-Paul', *Études germaniques* 18, 1963, 98–113 [le texte du *Bonheur de la maison*, paru dans *Mercure de France* en 1831, y est reproduit aux pages 109–113]; Carlo Pasi, *Théophile Gautier o il fantastico volontario* (Roma, Bulzone, 1974), 185–189 et 193–197 [le texte du *Bonheur de la maison* paru dans l'édition posthume des *Deux Faust* de Nerval (Michel Lévy, 1868), qui présente quelques variantes sans importance, se trouve aux pages 193–197]; Jean Richer, *Études et recherches sur Théophile Gautier prosateur* (Nizet, 1981), 201–207.

3. *The Cricket on the Hearth* (*Le Grillon du foyer*) parut en 1845. Gautier évoque ce récit dans *La Presse* du 17 avril 1848, où il qualifie Dickens d'un des 'disciples lointains' de Hoffmann (voir *HAD* V, 257–259).

4. René Jasinski, *Les Années romantiques de Théophile Gautier* (Vuibert, 1929), 54.

5. Marcel Voisin, *Le Soleil et la nuit* (Éditions de l'Université de Bruxelles, 1981), 252–253.

Le Chevalier double (1840)

6. *L'Élixir du Diable* (trad. par J. Cohen) (Mame et Delaunay-Vallée, 1829). La *Princesse Brambilla* fut traduite pour la première fois dans les *Œuvres complètes* (trad. par Toussenel) (J. Lefebvre, 1830, t. VII, 3–217, et t. VIII, 3–221).

7. *Œuvres complètes d'E.T.A. Hoffmann* (trad. par Loève-Veimars) t. XVII (Renduel, 1833), 95–246.

8. *Les Maîtres-chanteurs* parurent dans le tome XIII des *Œuvres complètes* (*Contes nocturnes*) (trad. par Loève-Veimars) (Renduel, 1830). Ce rapprochement est signalé par Henriette Velthuis, *Théophile Gautier: l'homme, l'artiste* (Groningen, 1924), 84.

9. Des références à *Titan* se trouvent déjà dans *Mademoiselle de Maupin* (1835) (Charpentier, nouvelle édition, 1857), 185 et dans *La Toison*

d'or (1839) (*N*, 198). Voir aussi Claude Pichois, *L'Image de Jean-Paul Richter dans les lettres françaises* (Corti, 1963), 83 [note].

10. *CG* I, 178 (lettre du 10 janvier 1840 à S.H. Berthoud).
11. *Revue des Deux Mondes*, t. I, 1836, 712–729. Ce texte fut repris, en version abrégée, dans *Le Cabinet de lecture* du 19 mars 1836.
12. Voir *Le Moine* (trad. par Léon de Wailly) (Delloye, 1840), t. II, 70–72. Lors de la rédaction du *Chevalier double*, Gautier n'aurait probablement pas pu consulter cette édition, qui ne fut enregistrée à la *Bibliographie de la France* que le 22 août 1840, mais les traductions du roman ne manquaient pas; celle de l'abbé Morellet avait paru chez A. Cadeau en 1838.
13. *Le Duel du précipice* est reproduit par Charles Asselineau, *Bibliographie romantique*, deuxième édition, 1872 (Genève, Slatkine, 1967), 92–94.
14. *La Métempsycose* parut dans le *Mercure de France*, t. XXIX, 1830. Sur ce récit longtemps attribué à Gérard de Nerval, voir Pierre-Georges Castex, *Le Conte fantastique en France* (Corti, 1951), 241–242, et René Jasinski, *Les Années romantiques de Théophile Gautier* (Vuibert, 1929), 138.
15. Sur les sources du thème du double chez Gautier et chez Nerval, voir notre article, 'Gautier, Nerval et la hantise du *Doppelgänger*', *BSTG* 10, 1988, 17–31. La référence dans *Aurélia* à 'l'histoire d'un chevalier qui combattit toute une nuit contre un inconnu qui était lui-même' (Nerval, *Oeuvres complètes*, t. III, Bibliothèque de la Pléiade, 1993, 717) est selon toute probabilité un souvenir du *Chevalier double*. Michel Crouzet fait remarquer que le motif du duel d'un chevalier avec lui-même remonte à la tradition de Lancelot (*OF* I, 121).
16. Cette interprétation freudienne est celle de Marie-Claude Schapira, *Le Regard de Narcisse* (Presses universitaires de Lyon, 1984), 22.

Le Pied de momie (1840)

17. Parmi les œuvres de Champollion, les *Lettres écrites d'Égypte et de Nubie* (1838) et *Les Monuments de l'Égypte et de la Nubie, notices descriptives...* (1845), avec leur volume de planches, semblent avoir le plus marqué Gautier.

18. Voir Vivant-Denon, *Voyage dans la Basse et la Haute-Égypte pendant les campagnes du général Bonaparte* (Paris, Didot, 3 vol, 1802; réédition en 1829). Dans l'édition originale, le passage dont Gautier a pu s'inspirer se trouve au tome II, 278; voir aussi la planche C du tome III; dans l'édition de 1829, le passage en question est à la page 37 du tome II et constitue le commentaire de la planche G (N° 6). On consultera sur cette question les éudes de Michel Crouzet (*OF* I, 135–136) et de Jean-Marie Carré (*Voyageurs et écrivains français en Égypte* [deuxième édition] (Le Caire, Institut français d'archéologie orientale, 1956), t. II, 145–147). Ce dernier reproche d'ailleurs à Gautier certaines erreurs et inconsistances.

19. *N*, 326 (chapitre I) et 351 (chapitre V).

20. 'Par Oms, chien des enfers, et par Tmeï, fille du Soleil et de la Vérité, voilà un brave et digne garçon, dit le Pharaon en étendant vers moi son sceptre terminé par une fleur de lotus.' (*OF* I, 148–149). Le burlesque se passe de commentaire.

21. Gautier évoque de telles figurines dans *La Presse* du 19 décembre 1837 ('Collection égyptienne de M. Mimaut').

22. 'L'armure damasquinée de Milan' qu'évoque Gautier (*OF* I, 139) se trouve déjà dans la description du magasin de l'antiquaire dans *La Peau de chagrin*.

23. Gautier avait raconté sa visite chez la danseuse indienne Amani et les autres membres de la troupe dans 'Les Devadasis, dites Bayadères' dans *La Presse* du 20 août 1838 et y rendit compte de leur début au Théâtre des Variétés le 27 août. La référence à Aguado, collectionneur de tableaux espagnols, est d'autant plus actuelle que la peinture ibérique occupe une place importante dans les feuilletons et les poésies de Gautier en 1840–1841.

Deux Acteurs pour un rôle (1841)

24. 'Gymnase-Dramatique; Les Trois Péchés du Diable, vaudeville-légende, par MM. Varin et Labize', *La Presse*, 24 septembre 1844.
25. *Le Soleil et la nuit*, 171.
26. La partie en question des *Amours de Vienne* parut dans la *Revue de Paris* du 1er mars 1841 (t. XXVII, 5-23). Sur les détails de cet emprunt, voir notre article, 'Gérard de Nerval, inspirateur d'un conte de Gautier: *Deux Acteurs pour un rôle*', *RLC* XL, 1966, 474-478. Sur Vienne, voir Henri Bonnet, 'Vienne dans l'imagination nervalienne', *RHLF* 72, 1972, 454-476; sur le diable, voir Max Milner, *Le Diable dans la littérature française de Cazotte à Baudelaire*, t. I, 183-185 (Corti, 1960) et 'Le Diable comme bouffon', *Romantisme* 19, 1978, 3-12 ; sur le théâtre, voir Marc Eigeldinger, 'L'inscription du théâtre dans l'œuvre narrative de Gautier', *Romantisme* 38, 1982, 141-150. (Texte repris dans *Mythologie et intertextualité* (Genève, Slatkine, 1987).)
27. Sur les emprunts mutuels de Gautier et de Nerval, voir notre article, 'Gautier, Nerval et la hantise du *Doppelgänger*', *BSTG* 10, 1988, 17-31.
28. Tzvetan Todorov, *Introduction à la littérature fantastique* (Le Seuil, 1970), 57.
29. *Ibid.*, 29 et sq.

Le Mille et deuxième nuit (1842)

30. 'Le Nil (Égypte et Nubie) par Maxime Du Camp', *Le Moniteur universel*, 8 avril 1861. Texte reproduit dans *L'Orient*, t. II (Charpentier, 1877), 245-260. Ce n'est qu'en 1869, lors de son voyage en Égypte pour l'inauguration du canal de Suez, que Gautier réalisera son rêve.

NOTES 135

31. *Journal Officiel*, 28 avril 1870. Voir *L'Orient*, t. II, (Charpentier, 1877), 188.

32. Sur les sources picturales de certaines descriptions de *La Mille et deuxième nuit*, voir Jean-Marie Carré, *Voyageurs et écrivains français en Égypte*, t. II (Le Caire, Institut français d'archéologie orientale [nouvelle édition], 1956), 181–188.

33. Citons, pour nous en tenir aux éditions pourvues de *Notices*, celles de Charles Nodier (Galliot, 6 vol., 1822–1825), de Jules Janin (Ponsard frères, 1837 & 1838), et de Sylvestre de Sacy (E. Bourdin, 3 vol., 1839–1840).

34. 'Les Devadasis, dites Bayadères', *La Presse*, 20 août 1838. Texte reproduit dans *Caprices et Zigzags* (Hachette, 1852) et dans *L'Orient*, t. II (Charpentier, 1877).

35. Sur ce personnage excentrique voir *CG* I, 96; 166; 190.

36. La nouvelle de Mérimée parut dans la *Revue de Paris* du 26 juillet 1829 et entra en 1833 dans le recueil *Mosaïque* (H. Fournier jeune).

37. À ce propos, voir Andrew Gann, 'La genèse de *La Péri*' in *Théophile Gautier. L'Art et l'Artiste*, t. I (Montpellier, 1983), 207–220.

38. Cette lettre parut dans *La Presse* du 25 juillet 1843. Voir *CG* II, 40–54, et, pour la réponse intéressante de Nerval, datée du 14 août 1843, 55–60.

Une Visite nocturne (1843)

39. À la suite de la mort de son père en 1843, Alphonse Karr ne put s'occuper de la livraison de février des *Guêpes* et chargea une vingtaine de ses amis d'assurer la publication de ce numéro de la revue mensuelle dont il était à la fois propriétaire et éditeur. Gautier dut donc préparer à la hâte sa contribution, dont l'humour et la fantaisie reflètent, sur le mode mineur, le style mordant de Karr. Ce dernier avait déjà figuré comme comparse dans *La Pipe d'opium* (1838) et *La Mille et deuxième nuit* (1841).

L'Oreiller d'une jeune fille (1845)

40. Marcel Voisin, *Le Soleil et la nuit* ... (Editions de l'Université de Bruxelles, 1981), 249.
41. Tzvetan Todorov, *Introduction à la littérature fantastique* (Le Seuil, 1970), 36.

Le Pavillon sur l'eau (1846)

42. Judith Gautier, *Le Second rang du collier* (Juven, 1909), 161.
43. Voir H. David, '*Le Pavillon sur l'eau*: sources et traitement', *Modern Philology* 15, 1915–1916, 391–416, 647–668, et J. Richer, *Études et recherches sur Théophile Gautier prosateur* (Nizet, 1981), 124–149.
44. Voir, par exemple, *Thu Hioung Hiong Ti* (*Le Salmigondis* V, 1835, 377–438).
45. Baudelaire, *Œuvres complètes* II, (Gallimard, 'Bibliothèque de la Pléiade', 1976), 119 ['Théophile Gautier'].

L'Enfant aux souliers de pain (1849)

46. Deux traductions des frères Grimm virent le jour en 1838: *Les Veillées allemandes*, nouvelle traduction (Huzard, 2 vol., 1838) et *Traditions allemandes* (traduction de Theil) (A. Levavasseur, 2 vol., 1838). En réalité, il s'agit de la même traduction, parue chez deux éditeurs différents, avec la même pagination. René Jasinski résume les éléments portant sur le conte de Gautier dans *A travers le dix-neuvième siècle* (Minard, 1975), 177–180.

Chapitre V. Idéologie et archéologie (1852–1857)

Arria Marcella (1852)

1. 'De Paris à Madrid. VIII' (*Le Moniteur universel*, 17 octobre 1864). Texte repris dans *Quand on voyage* (Michel Lévy, 1865) sous le titre de 'El ferro carril'. Inauguration de chemin de fer du Nord de l'Espagne. VIII'. Nos citations se trouvent à la page 312.
2. Théophile Gautier, Arsène Houssaye, Charles Coligny, *Le Palais pompéien de l'Avenue Montaigne. Études sur la maison gréco-romaine, ancienne résidence du Prince Napoléon* (Au Palais Pompéien et à la Librairie Internationale, s.d. [1866]), 8. On sait que lors de l'inauguration de cette maison le 15 février 1860, on y fit jouer *La Femme de Diomède*, prologue de Gautier où il fit parler de nouveau son personnage; cette fois, il ne s'agit que d'un divertissement destiné à flatter la famille impériale.

    Le motif traditionnel, depuis Pygmalion et Galatée, de la statue qui s'anime, se trouve dans un projet de scénario de ballet, jamais achevé, *La Statue amoureuse*, où un peintre tombe amoureux d'une statue de Vénus et lui passe un anneau au doigt. Gautier s'inspire ici, visiblement, de *La Vénus d'Ille* de Mérimée. (Voir à ce propos, Bergerat, *Théophile Gautier. Entretiens, Souvenirs et Correspondance* (Charpentier, 1911), 217–221).
3. *Les Derniers jours de Pompéi*, par E.L. Bulwer, édition revue par M. Amédée Pichot (Fournier, 2 vol., 1834). Cette édition, qui contient l'Épître dédicatoire, la Préface, et les Notes de Bulwer-Lytton, est la plus complète. Nous avons consulté aussi *Les Derniers jours de Pompei,* imité de Bulwer (par Adrien Lemercier) (Tours, A. Mame, 2e édition 1841), qui connut une vingtaine de réimpressions dans la période 1842–1890, mais il ne s'agit que d'une version abrégée.
4. *Les Derniers jours de Pompéi* (Fournier, 1834), t. II, 467. Les réflexions de l'auteur sur son ouvrage, qu'il présente en guise de conclusion, occupent dans cette édition les pages 465–469; elles sont supprimées dans l'édition Mame de 1841.

5. Chateaubriand avait évoqué '(...) la jeune femme dont le sein s'est imprimé dans le morceau de terre que j'ai vu à Portici: la mort, comme un statuaire, a moulé sa victime.' (*Œuvres romanesques et voyages* (Gallimard, 'Bibliothèque de la Pléiade', 1969), t. II, 1474). Lamartine, par contre, dit dans *Graziella* (IV, xi) toute son insensibilité devant les ruines de la ville engloutie.

6. Jean Gaudon fait état de la dette de Gautier à l'égard des ouvrages de Romanelli et de Dumas dans son édition de *La Morte amoureuse, Avatar et autres récits fantastiques* (Gallimard, 'Folio', 1981). Sur François Mazois, on consultera l'étude de Pierre Laubriet, 'Un informateur de Gautier: François Mazois' (à propos d'*Arria Marcella*) in *De Jean Lemaire de Belges à Jean Giraudoux. Mélanges d'histoire et de critique littéraire offerts à Pierre Jourda* (Nizet, 1970), 343–358. Pour Nerval et le *Second Faust*, voir Georges Poulet, *Etudes sur le temps humain* (Plon, 1950), 289–302, et, pour *Isis*, Michel Jeanneret, 'Nerval archéologue: des ruines de Pompéi au souterrain du rêve' in *L'Imaginaire nervalien. L'Espace de l'Italie* (Naples, Edizione Scientifiche Italiane, 1988), 133–151. En faisant la synthèse des travaux antérieurs à ce sujet, Michel Crouzet apporte quelques précisions utiles (*OF* I, 306–326).

7. Voir Louise Bulkley Dillingham, *The Creative Imagination of Théophile Gautier. A Study in Literary Psychology* (Princeton-Albany, Psychological Review, 1927), 114–116, où elle évoque *La Destruction de Pompéi* de Bruloff, l'*Episode de la destruction d'Herculanum* de Guérin, *Le Tépidarium* de Chassériau, et *L'Intérieur grec* de Gérôme.

8. Lafcadio Hearn prétendait que Michelet avait fourni à Gautier le sujet d'*Arria Marcella* (*Tales from Gautier* (London, Eveleigh Nash & Grayson, 1927), 263), sous la forme d'une histoire de fantôme grecque qui remonte à Phlégon et dont Goethe s'était inspiré dans sa *Fiancée de Corinthe*. Michelet reproduit *La Fiancée de Corinthe* dans *La Sorcière* (Dentu, 1862), 32–34. Si la date tardive de cette publication exclut la possibilité de toute influence exercée par l'intermédiaire de l'ouvrage de Michelet, Gautier connaissait la

célèbre ballade de Goethe et lui doit quelques éléments, comme l'indique Michel Crouzet (*OF* I, 193-194).

9. *Mademoiselle de Maupin* (Charpentier, 1927), 268. Gautier évoque aussi une 'région vague', où se réfugie la beauté qui s'est éteinte dans la vie, dans 'Un feuilleton à faire' (*La Charte de 1830*, 27 avril 1837). Voir *Fusains et eaux-fortes* (Charpentier, 1880), 103.

10. *Le Corricolo* (Desjonquières, 1984), 409.

11. *Le Corricolo* (Desjonquières, 1984), 441.

12. Il s'agit de *La Muette de Portici* (1828) d'Auber, Scribe et Delavigne. Cet opéra fut souvent représenté à l'époque romantique. Gautier en avait rendu compte dans *La Presse* du 2 octobre 1837, du 9 décembre 1841, et du 6 mars 1848 (voir *HAD* I, 40-44; II, 181-183; V, 239-241).

13. *Le Palais pompéien de l'Avenue Montaigne*, 8.

14. Sur ce souvenir de *Hamlet* (I, v, 189), 'The time is out of joint', que l'on retrouvera dans *Le Roman de la momie*, voir les remarques de Michel Crouzet (*OF* I, 321, n. 69).

15. Voir Georges Poulet, 'Théophile Gautier et le *Second Faust*', *RLC* 22, 1948, 67-83 (étude reprise dans *Etudes sur le temps humain* (Plon, 1950)). Gautier fait écho aux idées de Nerval à propos de l'idéalisme goethéen et lui emprunte certaines expressions, depuis le célèbre 'rien ne meurt' jusqu'à l'exemple d'Hélène, tirée par le désir de Faust 'de sa demeure ténébreuse d'Hadès' (qui devient chez Gautier 'des abîmes mystérieux de l'Hadès'). On lira non seulement les observations judicieuses de Poulet mais encore la Préface de Nerval dans ses *Œuvres complètes* (Gallimard, 'Bibliothèque de la Pléiade', 1989), t. I, 501-512. Gautier est revenu d'ailleurs plus d'une fois sur ces mêmes idées. Jean Richer considère que l'étude intitulée 'Le Panthéon, peintures murales par Chenavard' dans *La Presse* (5-11 septembre 1848), où il est toujours question de Goethe, des 'cercles excentriques' et des 'ondulations' de l'éternité, est le fruit de la collaboration de Gautier et de Nerval (voir *La Description du Panthéon de Paul Chenavard par Gautier et Nerval* (Minard, Archives des Lettres modernes, 48, 1963)). Ces articles de *la Presse*

furent réimprimés dans *L'Art moderne* (Michel Lévy, 1856), 1–94; le passage consacré au *Second Faust* se trouve à la page 70.

16. Reporté au siècle de Titus et donc obligé de parler latin, Octavien 'se félicita d'avoir été fort en thème' (*OF* I, 214), mais en voulant expliquer à Rufus Holconius le sens de son extraordinaire voyage dans le temps, 'il y perdit son latin' (215), au sens littéral aussi bien qu'au figuré! Gautier se permet un clin d'œil ironique vers *Les Marrons du feu* en employant le terme 'palforio' (207) pour désigner l'hôtelier, allusion sournoise au personnage de Musset (voir *OF* I, 314, n. 36). De tels apartés ironiques, caractéristiques de Gautier, ne portent cependant pas atteinte à la cohérence, ni au sérieux, du récit.

17. *Les Derniers jours de Pompéi* (Fournier, 1834), t. I, x [*Préface*].

18. Selon Jean Fabre, *Le Miroir de sorcière* (Corti, 1992), 272, il faudrait voir dans le schéma narratif de la *Casina* la reproduction *inversée* du fantasme.

Le Roman de la momie (1857)

19. Michel Crouzet (*OF* I, 281, note 15; 282, note 23) met en évidence les interférences textuelles entre les descriptions du pied embaumé (*OF* I, 141) et de la momie (*Le Roman de la momie*, Classiques Garnier, 1955, 186–187), ainsi que des parfums qui s'en répandent et qui soulignent le sens de l'éternité (*OF* I, 143; *Le Roman de la momie*, 164, 182). Versons au dossier la description de la descente souterraine (*OF* I, 147) qu'il convient de rapprocher de la descente vers le tombeau et du rêve de Tahoser (*Le Roman de la momie*, Prologue et 303).

20. Selon Émile Bergerat, Gautier aurait dit: 'Dans *la Momie*, j'ai rendu l'Égypte amusante sans rien sacrifier de l'exactitude la plus rigoureuse des détails historiques, topographiques et archéologiques' (*Théophile Gautier. Entretiens, Souvenirs et Correspondance* (Paris, Charpentier, 1911), 141.

21. Ce compte rendu est repris dans *L'Orient*, t. II (Charpentier, 1877) sous le titre de 'Égypte ancienne'. Sur les sources du *Roman de la momie*, voir Jean-Marie Carré, *Voyageurs et écrivains français en Égypte* [deuxième édition] (Le Caire, Institut français d'archéologie orientale, 1956), t. II, 151–180.

Chapitre VI. Sorcellerie et psychiatrie (1856)

Avatar (1856)

1. René Jasinski a le premier fait état de cette source, dans *À travers le XIXe siècle* (Nizet, 1975), 182–187.
2. Jean-Auguste Cherbonneau (1813–1882), membre de la Société asiatique et traducteur des *Mille et une nuits*. Voir Jasinski, *ibid.*, 186.
3. Gautier fournit une Introduction aux *Contes bizarres* d'Achim d'Arnim traduits par son fils (Michel Lévy, 1856), qui fut reproduit sous le titre *Achim d'Arnim* dans les *Portraits et Souvenirs littéraires* en 1875.
4. Gautier reconnaît sa dette envers Dumas dans *La Presse* du 13 juin 1854, où il rend compte du ballet. Cet article se trouve dans le *Théâtre* de Gautier (Charpentier, nouvelle édition, 1882), 345–350.
5. Sur les sources indiennes de *Partie Carrée*, dont certaines servent encore pour *Avatar*, voir le savant article de H. David, 'L'exotisme hindou chez Théophile Gautier', *RLC* 9, 1929, 515–564. L'inspiration indienne de Gautier se perpétue dans le ballet-pantomime *Sacountala* (1858), tiré de Calidasa. •
6. C'est par inadvertance que Gautier (*OF* II, 60) attribue *Pierre Shlemihl* de Chamisso à 'Lamotte-Fouqué', auteur d'*Ondine*, tout en assignant correctement *La Nuit de Saint-Sylvestre* à Hoffmann (*ibid.*).
7. *Mademoiselle de Maupin*, ch. III.

8. Une référence directe à Julien Sorel (*OF* II, 29) se fait suivre d'une autre, indirecte, où Octave se pose la question 'Où prendre des témoins?' (84), à l'imitation du héros stendhalien (voir *Le Rouge et le noir*, Classiques Garnier, 1973, 256). De même, à une référence directe au *Colonel Chabert* (88), succède une allusion voilée à *La Peau de chagrin* (94), qui vient renforcer indirectement l'atmosphère fantastique de la nouvelle, en faisant de Cherbonneau un successeur de l'antiquaire méphistophélique de Balzac.
9. *Portraits et Souvenirs littéraires* (Charpentier, 1892), 313.
10. *Ibid.*, 316–317.
11. Sur Arnim, Jean-Paul et les sources d'*Avatar*, voir notre article 'Gautier, Nerval et la hantise du *Doppelgänger*', *BSTG* 10, 1988, 17–31. Gautier cite *Titan* en 1835 dans *Mademoiselle de Maupin* (Charpentier, nouvelle édition, 1857), 185 et en 1839 dans *La Toison d'or* (Nouvelles, Charpentier, 1923), 198. Voir à ce propos Claude Pichois, *L'Image de Jean-Paul Richter dans les lettres françaises* (José Corti, 1963), 83 (note).
12. Sur les interférences entre les textes de Gautier et de Nerval consacrés au double, voir notre article cité ci-dessus.
13. *Œuvres complètes*, III, (Gallimard, 'Bibliothèque de la Pléiade', 1993), 701.
14. *Ibid.*, 717.
15. Voir Georges Poulet, *Études sur le temps humain* (Plon, 1950), 305–307.

Jettatura (1856)

16. Jean Richer, *Études et recherches sur Théophile Gautier prosateur* (Nizet, 1981), 33.
16a. 'Gautier et Samuel-Henri Berthoud: une source de *Jettatura*', *BSTG* 17, 1995, 63–78. Les interférences entre le texte de Berthoud (reproduit *ibid.*, 63–73) et *Jettatura* sont, en effet, trop nombreuses

pour qu'on puisse douter de la filiation. Chez Berthoud on trouve déjà la fiancée anglaise ainsi que les motifs de la tempête et du théâtre. Il se peut bien, comme le suggèrent Adam et Brix, que la référence, dans le dernier paragraphe du récit de Berthoud, au 'spirituel collaborateur' de *La Presse* qui redoute la jettature vise directement Gautier, qui collaborait à ce journal depuis 1836.

17. C'est par inadvertance que Richer, qui signale l'existence de ce texte (*ibid.*, 31), l'assigne à la *Revue de Paris*. Ce n'est que la troisième partie de la nouvelle ('Les Yeux de verre'), qui se trouve dans la deuxième livraison de *L'Artiste*, qui traite de l'accumulation de circonstances malheureuses que l'on attribue au mauvais œil. La déconfiture du chanteur est à rapprocher de la gêne de l'acteur chez Gautier (*OF* II, 131); la chute du lustre chez Lucas correspond peut-être à la rupture de la corde du hamac d'Alicia (124).

18. Voir Emile Bergerat, *Théophile Gautier. Entretiens, Souvenirs et Correspondance* (Charpentier, 1911), 166–167, et Judith Gautier, *Le Second rang du collier* (Juven, 1909), 295 et sq. Gautier évoque la superstition du mauvais œil lors de son séjour en Espagne en 1840 (voir le *Voyage en Espagne* (Fasquelle, 1911), 221). On sait qu'il prenait Offenbach pour un *jettatore*. Voir à ce propos Lovenjoul, *HOTG* II, N° 2147, et Edwin Binney, *Les Ballets de Théophile Gautier* (Nizet, 1965), 220 et sq.

19. *Les Derniers jours de Pompéi* (Fournier, 1834), t. II, 472–473.

20. Jean Gaudon a le premier mis en évidence cette source importante dans son édition de *La Morte amoureuse, Avatar et autres récits fantastiques* (Gallimard, 'Folio', 1981).

21. Michel Crouzet signale d'autres emprunts textuels à Dumas (*OF* II, 367, 370–372, 374).

22. Les récits de Dumas et de Gautier ont en commun la mort de la mère en couches, les accidents mystérieux et sinistres, l'orage, le duel; l'épisode de la chanteuse qui chante faux aurait bien pu suggérer l'acteur qui se trouble chez Gautier, mais il faut reconnaître que les histoires de *jettatore* ont inévitablement bien des détails en commun et que l'on trouve ce motif chez Berthoud et chez Lucas.

23. Cette humble cuisine semble une construction purement artistique, avec ses parois glacées d'un bitume 'cher aux peintres de l'école de Caravage', ses personnages qui auraient pu servir de modèle à 'l'Espagnolet ou Salvator Rosa', et ses marmitons qui ressemblent aux chérubins qui font la cuisine dans le tableau de Murillo 'à la galerie du maréchal Soult' (*OF* II, 126, 127, 128). Il s'agit de *La Cuisine des anges*, qui est au Louvre.

24. Gautier avait exploité la même référence à la Vénus de Schiavone à la fin d'*Avatar*, où il l'applique à Prascovie.

25. Il s'agit de *La Justice et la Vengeance poursuivant le crime* (1808), qui est au Louvre.

26. Le procédé permet au narrateur de garder ses distances, tout en voyant clair dans l'âme de son personnage. L'expression 'monologue intérieur' est utilisée trois fois dans *Jettatura* (*OF* II, 121, 176, 179).

27. Comme le fait finement remarquer Alain Buisine, on pourrait lire le texte, dans une perspective esthétique, comme 'la fantasmatisation d'un combat entre la dysharmonie et l'harmonie' (Théophile Gautier, *Contes et récits fantastiques* (Le Livre de Poche classique, 1990), 597, note.)

28. L'hésitation du lecteur vient de nouveau de l'emploi équivoque du discours indirect libre: '(...) comme pour s'excuser, d'un signe rapide il expliqua la cause de ses mésaventures, car le regard de Paul, arrêté sur lui, lui ôtait tous ses moyens.' (*OF* II, 131). Ce sont les gestes de l'acteur qui transmettent le message qui fait de Paul le jettatore, sans que le narrateur intervienne directement pour porter un jugement sur son personnage.

29. Cette interprétation est celle de Tobin Siebers, *The Mirror of Medusa* (University of California Press, 1983), 87–109.

30. Dans un traité daté du 1er avril 1856, Gautier avait cédé à Jules Hetzel le droit exclusif de réimprimer *Avatar*, qui parut sans autorisation dans *L'Écho de Bruxelles* entre le 4 mars et le 8 avril (Voir *CG* VI, 226 et 228). Dans la lettre à Hetzel où Gautier évoque le projet de réunir quatre récits sous le titre 'Le fantastique en habit noir', il indique que les contes qui restent à faire sont 'le Haschich' et 'le

Magnétisme' (*CG* VI, 246), titres qui reviennent dans le traité complémentaire avec Hetzel où Gautier lui accorde le droit de publier ces deux contes, ainsi que *Jettatura* (*CG*, VI, 249). Les titres font penser à des sujets déjà traités, dans *Le Club des Hachichins* (1846) et dans le ballet *Gemma* (1854).

Chapitre VII. Désir sublimé, désir parodié (1865-1866)

Spirite (1865)

1. À notre interprétation biographique, on opposera l'interprétation numérologique d'Anne-Marie Lefebvre qui fait du chiffre 28 la multiplication par quatre du cycle de sept ans, ce qui assigne Malivert au cycle de la sagesse (*'Spirite' de Théophile Gautier*, thèse dactyl., Sorbonne, 1978).

2. 'À Carlotta Grisi / en témoignage de sympathie éternelle et profonde / ce livre est dédié / par / Théophile Gautier, Villa Grisi, sur Saint-Jean, Genève 1865.' L'exemplaire offert à Ernesta Grisi porte simplement la dédicace 'À ma chère Ernesta, le premier exemplaire de *Spirite*' (*HOTG* II, 607).

3. Voir à ce propos la belle étude de Margaret Lyons, 'Judith Gautier and the Sœurs de Notre-Dame de la Miséricorde: a comment on *Spirite*' in *Literature and Society. Studies presented to R.J. North* (University of Birmingham, 1980).

4. Comme le note M. Crouzet (*OF* II, 187).

5. *Baudelaire par Gautier* (Klincksieck, 1986), 149.

6. On pense en particulier à l'*Évangéline* de Longfellow (*OF* II, 202) et au *Roi des montagnes* d'Edmond About (223). Voir à ce propos Ross Chambers, *'Spirite' de Théophile Gautier. Une lecture* (Archives des Lettres modernes, 1974), 7-8, et Michel Crouzet (*OF* II, 392-393).

7. Sur la notion de *moi* et de *non-moi* dans la littérature magnétiste de cette période, voir Jean Decottignies, *Prélude à Maldoror* (Armand Colin, 1973), 125–146.

   L'expression 'l'unité dans la dualité (*OF* II, 313; *Sp*, *216*) reprend, en l'inversant, 'cette dualité dans l'unité' (*OF* II, 35) dont il est déjà question dans *Avatar*, où le narrateur compare Olaf et Prascovie à l'androgyne de Platon.

8. '*Spirite*' *de Théophile Gautier. Une lecture* (Archives des Lettres modernes, 1974).

9. La référence inévitable à Byron se trouve au chapitre XV (*OF* II, 312). Il se peut que Gautier ait emprunté le nom de Guy de Malivert à Octave de Malivert, héros d'*Armance*, qui, lui aussi, trouve la mort en Grèce (voir Pauline Wahl Willis, '*Armance* de Stendhal et *Spirite* de Gautier' in *Stendhal et le Romantisme* (Arau, Éditions du Grand Chêne, 1984), 113–123. Quant au roman d'About, publié en 1856, Gautier s'y réfère au chapitre III (*OF* II, 223), annonçant ainsi sournoisement le dénouement de sa propre histoire.

10. On notera qu'à la clarté de la lune, la Madeleine 'prenait [...] un air de Parthénon que le jour lui enlève'. (*OF* II, 250)

11. Voir *Loin de Paris* (Michel Lévy, 1865). Sur la 'conversion' de Gautier, voir *CG* V, 104 (lettre à Louis Cormenin du 22 septembre 1852), où il prétend que 'À côté du Parthénon, tout semble barbare et grossier' et que 'Revenant d'Athènes, Venise m'a paru triviale et grotesquement décadente'. Voir aussi sa remarque en 1867 sur la façon dont le Parthénon l'avait guéri de 'la maladie gothique' (*Portraits contemporains*, 12).

12. Dans le manuscrit autographe (C458) conservé à la Collection Lovenjoul, on trouve, en tête des chapitres, sept fois *Spirite* (ff. 2, 21, 24, 27, 30, 43, 56) et neuf fois *Spirit* (ff. 7, 10, 14, 18, 33, 36, 39, 48, 52). On notera que sur l'épreuve du *Moniteur universel*, on lit toujours *Spirit*.

13. Sur les sources de *Spirite*, on lira la belle synthèse de M. Crouzet (*OF* II, 192–198), ainsi que la thèse d'Anne-Marie Lefebvre (Sorbonne,

1978) et son article, 'Théophile Gautier et les spirites et illuminés de son temps', *BSTG* 15 [II], 1993, 291–322.
14. Du Camp, *Souvenirs littéraires* (Balland, 1984), 182.
15. Voir M. Crouzet (*OF* II, 198–199).

Mademoiselle Dafné (1866)

16. De même, les références non moins fréquentes à John Martin servent à créer une atmosphère fantastique. Voir à ce sujet la belle étude de Jean Seznec, *John Martin en France* (Faber & Faber, 1964).
17. Voir Claude-Book Senninger, *Théophile Gautier, auteur dramatique* (Nizet, 1972), 43.
18. Sur la fortune de cette gravure en France, on consultera Luzius Keller, *Piranèse et les romantiques français* (José Corti, 1966), et Georges Poulet, *Trois Essais de mythologie romantique* (José Corti, 1966).
19. Marcel Voisin, *Le Soleil et la nuit. L'imaginaire dans l'œuvre de Théophile Gautier* (Éditions de l'Université de Bruxelles, 1981), 328–331.
20. Marie-Claude Schapira, 'L'imaginaire des profondeurs dans *Mademoiselle Dafné*', *BSTG* 10, 1988, 48.

Chapitre VIII. Motifs récurrents et continuité thématique

1. Comme l'ont montré A. Gann, 'La musique, élément structurant dans les récits fantastiques de Gautier', *BSTG* 6, 1984, 73–82, R. Baudry, 'La Musique: prélude ou signe d'extase dans les récits fabuleux de Théophile Gautier', *BSTG* 8, 1986, 35–50, et M.-C. Schapira, 'La Musique comme moyen d'accès à l'extra-monde', *ibid.*, 51–69.
2. C'est à L. Poulain que revient le mérite d'avoir le premier élucidé cette interférence entre Gautier et Hoffmann. Voir 'Traces de

l'influence allemande dans l'œuvre de Théophile Gautier', *Bericht der Realschule zu Basel*, 1913/1914, 37-70.

3. *HAD* VI, 233.

4. Dans *Paris*, 13, 14 novembre 1853; la traduction fut reprise dans *Le Pays* du 18 septembre 1854 et dans les *Histoires extraordinaires* (Michel Lévy, 1856).

5. Edgar Allan Poe, *Œuvres en prose* (Gallimard, 'Bibliothèque de la Pléiade', 1969), 237.

6. On pense surtout aux belles études de Joseph Savalle, *Travestis, métamorphoses, dédoublements. Essai sur l'œuvre romanesque de Théophile Gautier* (Minard, 1981), et de Marie-Claude Schapira, *Le Regard de Narcisse, romans et nouvelles de Théophile Gautier* (Presses universitaires de Lyon, 1984).

Bibliographie

[Sauf indication contraire, le lieu de publication des ouvrages cités est Paris ou Londres]

Le fantastique et le merveilleux

BARONIAN, Jean-Baptiste, *Panorama de la littérature fantastique de langue française* (Stock, 1978).
BELLEMIN-NOËL, Jean, 'Des formes fantastiques aux thèmes fantasmatiques', *Littérature* 2, 1971, 103–118.
BÉGUIN, Albert, *L'Âme romantique et le rêve* (José Corti, 1969).
BELEVAN, H., *Théorie du fantastique* (Bruxelles, recto-verso, 1980).
BERNARD-GRIFFITHS, Simone et GUICHARDET, Jeannine (éd.), *Images de la magie. Fées, enchanteurs et merveilleux dans l'imaginaire du XIXe siècle* (Annales littéraires de l'Université de Besançon, 594, 1993).
BESSIÈRE, Irène, *Le récit fantastique. La poétique de l'incertain* (Larousse, 'Thèmes et Textes', 1974).
BOIE, Bernhild, *L'Homme et ses simulacres. Essai sur le romantisme allemand* (José Corti, 1979).
BOURGEOIS, René, *L'Ironie romantique* (Presses universitaires de Grenoble, 1974).
BOUSQUET, Jacques, *Les Thèmes du rêve dans la littérature romantique (France, Angleterre, Allemagne). Essai sur la naissance et l'évolution des images* (Didier, 1964).
CAILLOIS, Roger, *Au cœur du fantastique* (Gallimard, 1965).
——————, *Images, images ...* (José Corti, 1966).
CASTEX, Pierre-Georges, *Le Conte fantastique en France de Nodier à Maupassant* (José Corti, 1951).
CHANDES, Gérard (éd.), *Le merveilleux et la magie dans la littérature* (Amsterdam, Rodopi, 1992).
CUMMISKEY, Gary, *The Changing Face of Horror. A Study of the Nineteenth-Century French Fantastic Story* (Berne, Peter Lang, 1992).

DECOTTIGNIES, Jean, *Prélude à Maldoror. Vers une poétique de la rupture en France 1820–1870* (Armand Colin, 'Études romantiques', 1973).

———, 'Réflexions sur un genre appelé fantastique' in *Le Réel et le texte* (Armand Colin, 1974).

DROST, Wolfgang, 'Zur Phantastik in Baudelaires Dichtung und Kunsttheorie', in *Phantastik in Literatur und Kunst* (Darmstadt, Wissenschaftliche Buchgesellschaft, 1980).

DUPERRAY, Max (éd.), *Du fantastique en littérature: figures et figurations* (Publications de l'Université de Provence/Aix Marseille I, 1990).

DURRANDE, Martine, *Robert Macnish et le conte fantastique en France* [Mémoire de Diplôme] (Sorbonne, 1963).

Les Fantastiques, Europe, mars 1980.

FABRE, Jean, *Le Miroir de sorcière* (José Corti, 1992)

FERNAGU, Marguerite, 'Signification du fantastique', *Reve d'Esthétique* 6, 1953, 54–81.

FINNÉ, Jacques, *La Littérature fantastique: essai sur l'organisation surnaturelle* (Éditions de l'Université de Bruxelles, 1980).

FREUD, Sigmund, *Essais de psychanalyse appliquée* (Gallimard, 1973).

GOLLUT, Jean-Daniel, *Conter les rêves* (José Corti, 1993).

GRIVEL, Charles, *Fantastique-fiction* (PUF, 'Écriture', 1992).

HELLO, Ernest, 'Du genre fantastique', *Revue française* 15, nov. 1858, 31–40.

JACKSON, Rosemary, *Fantasy: the literature of subversion* (Methuen, 1981).

KILLEN, Alice, *Le Roman "terrifiant" ou Roman "noir" de Walpole à Ann Radcliffe et son influence sur la littérature française jusqu'en 1840* (Crès, 1915).

KELLER, Luzius, *Piranèse et les romantiques français. Le mythe des escaliers en spirale* (José Corti, 1966).

LAMBERT, José, *Ludwig Tieck dans les lettres françaises* (Didier, 1976).

LYSØE, Eric, *Les Kermesses de l'étrange, ou le conte fantastique en Belgique du romantisme au symbolisme* (Nizet, 1993).

MABILLE, Pierre, *Le Miroir du merveilleux* (Éditions de Minuit, 1962).

MASSON, Caroline, 'Le Récit fantastique', *Pratiques*, N° 34, 1982, 31–73.

MATTHEY, Hubert, *Essai sur le merveilleux dans la littérature française depuis 1800* (Lausanne, Payot, 1915).

MILNER, Max, *Le Diable dans la littérature française de Cazotte à Baudelaire* (José Corti, 2 vol., 1960).

——————, *La Fantasmagorie. Essai sur l'optique fantastique* (PUF, 'Écriture', 1982).

MONARD, Jean et RECH, Michel, *Le Merveilleux et le fantastique* (Delagrave, 1974).

MONTANDON, Alain (éd.), *E.T.A. Hoffmann et la musique* (Berne, Peter Lang, 1987).

PICHOIS, Claude, *L'Image de Jean-Paul Richter dans les lettres françaises* (José Corti, 1963).

PIERROT, Jean, *Merveilleux et fantastique. Une histoire de l'imaginaire dans la prose française (1830–1900)* (Thèse, Lille III, 1975).

——————, *L'imaginaire décadent* (PUF, 1977).

PONNAU, Gwenhaël, *La Folie dans la littérature fantastique* (CNRS, 1987).

PROPP, Vladimir, *Morphologie du conte* suivi de *Les Transformations des contes merveilleux*, et de E. MÉLÉTINSKI, *L'Étude structurale et typologique du conte* (Le Seuil, 'Poétique', 1970).

PYMAN, Avril, 'The fantastic as subversion in Soviet literature', *Essays in Poetics* 20, 1995, 79–101.

RIEBEN, Pierre-André, *Délires romantiques* (José Corti, 1989).

SANGSUE, Daniel, *Le Récit excentrique* (José Corti, 1987).

SCHNEIDER, Marcel, *La Littérature fantastique en France* (Fayard, 1964).

STEINMETZ, Jean-Luc, *La Littérature fantastique* (PUF, 'Que sais-je?', 1990).

TEICHMANN, Elizabeth, *La Fortune d'Hoffmann en France* (Genève, Droz, 1961).

TÉNÈZE, Marie-Louise, 'Du conte merveilleux comme genre', *Arts et traditions populaires* 18, 1970, 11–65.

TODOROV, Tzvetan, *Introduction à la littérature fantastique* (Le Seuil, 1970).

VAX, Louis, *L'art et la littérature fantastiques* (PUF, 'Que sais-je?', 1960).
———————, *La Séduction de l'étrange* (PUF, 1965).
———————, *Les Chefs-d'œuvre de la littérature fantastique* (PUF, 1979).
VIATTE, Auguste, *Les Sources occultes du romantisme français* (Champion, 2 vol., 1928).

Théophile Gautier

Œuvres

Récits fantastiques

L'Œuvre fantastique [I – Nouvelles ; II – Romans], édition de Michel CROUZET (Bordas, 'Classiques Garnier', 2 vol., 1992).
Œuvres. Choix de romans et de contes, édition de Paolo TORTONESE (Robert Laffont, 'Bouquins', 1995).
Tous les contes fantastiques, édition présentée par Jean-Baptiste BARONIAN (NéO, 'NéOmnibus', 1990).
Contes fantastiques (José Corti, 1962).
Contes fantastiques, préface d'Hubert JUIN (Union Générale des Éditions, '10/18', 1973).
Contes fantastiques, édition d'Hervé ALVADO (Classiques Hachette, 1992).
Contes et récits fantastiques, préface, commentaires et notes d'Anne UBERSFELD (Le Livre de Poche, 1988).
Contes et récits fantastiques, préface et dossier critique d'Alain BUISINE (Le Livre de Poche classique, 1990).
Récits fantastiques, chronologie, introduction et notes par Marc EIGELDINGER (Garnier-Flammarion, 1981).
Récits fantastiques (Nodier-Balzac-Gautier-Mérimée), préface et commentaires de Daniel MORTIER (Presses Pocket, 'Lire et voir les classiques', 1992).

La Morte amoureuse, Avatar et autres récits fantastiques, édition présentée, établie et annotée par Jean GAUDON (Gallimard, 'Folio', 1981).

La Morte amoureuse. Contes et récits fantastiques, édition de Bernard VALETTE (Classiques Larousse, 1993).

Fortunio et autres nouvelles, Introduction et notes d'Anne BOUCHARD (Lausanne, L'Âge d'homme, 1977).

Les Jeunes-France, romans goguenards, suivis de Contes humoristiques (Charpentier, 1873).

Les Jeunes France, romans goguenards, introduction et notes de René JASINSKI (Flammarion, 'Nouvelle Bibliothèque Romantique', 1974) [*texte de l'édition originale, Renduel, 1833*].

La Mille et deuxième nuit, illustrée de neuf compositions par Ad. LALAUZE, préface par L.GASTINE (A. Ferroud, 1898).

La Mille et deuxième nuit etc., postface et notes de Gérard-Georges LEMAIRE (Le Seuil, 'L'École des lettres', 1993).

Mademoiselle Dafné (Petite Bibliothèque-Charpentier, 1881).

Mademoiselle Dafné, texte établi avec introduction et notes par Marc EIGELDINGER (Genève, Droz, 'Textes littéraires français', 1984).

Nouvelles (Charpentier, 1845).

Nouvelles, présentation de Claudine LACOSTE (Genève, Champion-Slatkine, 'Ressources', 1979) [*réimpression de l'édition Charpentier, 1889*].

La Peau de tigre (Hippolyte Souverain, 3 vol., 1852).

La Peau de tigre (Michel Lévy, 1866).

Le Roman de la momie, préface et notes de Jean RICHER (Club français du livre, 1952).

Le Roman de la momie, précédé de trois contes antiques, édition de A. BOSCHOT (Classiques Garnier, 1955).

Le Roman de la momie, chronologie et préface par Geneviève VAN DEN BOGAERT (Garnier-Flammarion, 1966).

Le Roman de la momie (extraits), édition de Laurence LÉVY-DELPA (Larousse, 'Textes pour aujourd'hui', 1980).

Le Roman de la momie, préface, commentaires et notes de Marc EIGELDINGER (Le Livre de Poche, 1985).

Le Roman de la momie, édition présentée par Jean-Michel GARDAIR (Gallimard, 'Folio', 1986).

Le Roman de la momie, édition de Michel DANSEL (Classiques Larousse, 1987).

Romans et contes (Charpentier, 1863).

Romans et contes, présentation d'Anne BOUCHARD (Genève, Champion-Slatkine, 'Ressources', 1979) [*réimpression de l'édition Charpentier, 1891*].

Spirite, nouvelle fantastique (Charpentier, 1866).

Spirite, nouvelle fantastique, introduction par Marc EIGELDINGER (Nizet, 1970).

Spirite, nouvelle fantastique, introduction et notes de Maria Teresa PULEIO (Catania, Tringale, 1975).

Spirite, nouvelle fantastique, présentation de Pierre LAUBRIET (Genève, Champion-Slatkine, 'Ressources', 1978) [*réimpression de l'édition Charpentier, 1866*].

Correspondance

Correspondance générale, éditée par Claudine LACOSTE-VEYSSEYRE, Pierre LAUBRIET *et al.*, tomes I–IX (Genève, Droz, 1985–1995) [*en cours*].

Les plus belles lettres de Théophile Gautier, présentées par Pierre DESCAVES (Calmann-Lévy, 1962).

Manuscrits

Collection Lovenjoul (Bibliothèque de l'Institut):

C 408 f.3 (*Hoffmann le fantastiqueur* [inédit du vivant de Gautier]).
C 408 f.4 (*La Cafetière* [variante du début]).
C 408 ff.16–18 (*Les Hatchachins*).
C 408 (*Le Roman de la momie* [fragment]).
C 434 (*Mademoiselle Dafné de Montbriand* [extrait de la *Revue du XIXe siècle*, corrigé sur le manuscrit autographe, appartenant à Henry Houssaye]).

C 458 ff. 1–60 (*Spirite*, et l'épreuve du début de la nouvelle pour *Le Moniteur universel*).

C 470–471 (*Traités passés entre Gautier et ses éditeurs* [*Avatar, Le Roman de la momie, Nouvelles et Romans*]).

Autres ouvrages

Honoré de Balzac par Théophile Gautier, édition de Claude-Marie SENNINGER (Nizet, 1980).

Baudelaire par Théophile Gautier, présentation et notes critiques par Claude-Marie SENNINGER (Klincksieck, 'Bibliothèque du XIXe siècle', 1986).

Caprices et Zigzags, troisième édition (Hachette, 1865).

Critique d'art. Extraits des Salons (1833–1872), textes choisis, présentés et annotés par Marie-Hélène GIRARD (Séguier, 1994).

Écrits sur la danse. Chroniques choisies, présentées et annotées par Ivor GUEST (Arles, Actes Sud, 1995).

Émaux et Camées, avec une iconographie rassemblée et commentée par Madeleine COTTIN (Minard, 1968).

Histoire de l'art dramatique en France depuis vingt-cinq ans (Leipzig, Hetzel, 6 vol., 1858–1859; Genève, Slatkine, 6 vol., 1968).

Histoire du romantisme (Charpentier, 1895).

La Musique (Charpentier, 1911).

Poésies complètes (nouvelle édition), publiées par René JASINSKI (Nizet, 3 vol., 1970).

Poésies (1830), édition de Harry COCKERHAM (Athlone Press, 1973).

Portraits contemporains, deuxième édition (Charpentier, 1874).

Portraits et Souvenirs littéraires (Charpentier, 1892).

Souvenirs de théâtre, d'art et de critique (Charpentier, 1883).

Théâtre, nouvelle édition (Charpentier, 1882).

Voyage en Égypte, présentation et notes de Paolo TORTONESE (La Boîte à Documents, 1991).

Études sur Gautier

Bibliographies

GANN, Andrew G. et WHYTE, Peter J., 'Théophile Gautier', in *A Critical Bibliography of French Literature. The Nineteenth Century* (éd. David Baguley) (Syracuse University Press, 2 vol., 1994), I, 477–508.

LACOSTE-VEYSSEYRE, Claudine, *La Critique d'art de Théophile Gautier* (Montpellier, Université Paul Valéry, 1985).

LACOSTE, Claudine, 'Œuvres de Théophile Gautier annoncées dans la Bibliographie de la France de 1830 à 1935', *BSTG* 11, 1989, 161–193.

——————, 'Œuvres de Théophile Gautier annoncées dans la Bibliographie de la France de 1936 à 1982', *BSTG* 13, 1991, 143–159.

DE SPOELBERCH DE LOVENJOUL, Charles, *Histoire des Œuvres de Théophile Gautier* [1887] (Genève, Slatkine Reprints, 2 vol., 1968).

——————, *Les Lundis d'un chercheur* (Calmann-Lévy, 1894; Genève, Slatkine, 1968).

Biographies et Mémoires

BERGERAT, Émile, *Théophile Gautier. Entretiens, Souvenirs et Correspondance* (Charpentier, 1911).

FEYDEAU, Ernest, *Théophile Gautier. Souvenirs intimes* (Plon, 1874).

GAUTIER, Judith, *Le Collier des jours, souvenirs de ma vie* (Juven, 1907); Christian Pirot, 1994).

——————, *Le Second rang du collier* (Juven, s.d. [1909]).

RICHARDSON, Joanna, *Théophile Gautier* (Reinhardt, 1958).

SENNINGER, Claude-Marie, *Théophile Gautier. Une vie, une œuvre* (SEDES, 1994).

UBERSFELD, Anne, *Théophile Gautier* (Stock, 1992).

Études critiques

ADAM, Aniko, et BRIX, Michel, 'Gautier et Samuel-Henri Berthoud: une source de *Jettatura*', *BSTG* 17, 1995, 63–78.

ALLEN, William G., 'Gautier's *Albertus*: the fantastic and the fashionable', in *Correspondances: Studies in literature, history, and the arts in nineteenth-century France* (éd. Keith Busby) (Amsterdam, Rodopi, 1992), 9–17.

BAUDRY, Robert, 'Fantastique ou merveilleux Gautier?', in *Théophile Gautier, l'Art et l'artiste* (Montpellier, 1983), t. I, 231–256.

——————, 'La Musique: prélude ou signe d'extase dans les récits fabuleux de Théophile Gautier', *BSTG* 8, 1986, 35–50.

——————, 'Gautier voyageur...du temps', *BSTG* 15, 1993, 481–496.

BELLEMIN-NOËL Jean, 'Notes sur le fantastique (textes de Théophile Gautier), *Littérature* 8, 1972, 3–23.

——————, 'Fantasque Onuphrius', *Romantisme* 6, 1973, 38–48.

BENESCH, Rita, *Le Regard de Théophile Gautier* (Zurich, Juris, 1969).

BINNEY, Edwin, *Les Ballets de Théophile Gautier* (Nizet, 1965).

BOOK-SENNINGER, Claude, *Théophile Gautier, auteur dramatique* (Nizet, 1972).

Bulletin de la Société Théophile Gautier, 1–17 (Montpellier, 1979–1995) [*en cours*].

BRUNET, François, 'Cohérence, rigueur et poésie dans *Jettatura*', *BSTG* 17, 1995, 79–93.

CARRÉ, Jean-Marie, *Voyageurs et écrivains français en Égypte* (Le Caire, Institut français d'archéologie orientale, deuxième édition, 2 vol., 1956).

CELLIER, Léon, 'Gautier et Mallarmé devant le miroir de Venise', *CAIEF* 10, 1958, 121–133.

——————, *Mallarmé et la morte qui parle* (PUF, 1959).

CHAMBERS, Ross, 'Gautier et le complexe de Pygmalion'. *RHLF* 72, 1972, 641–658.

———————, 'Spirite' de Théophile Gautier. Une lecture (Minard, Archives des lettres modernes, 153, 1974).

COCKERHAM, Harry, 'Gautier: From Hallucination to Supernatural Vision', Yale French Studies 50, 1974, 42–53.

———————, 'Idéalisme, matérialisme et la femme chez Gautier', in Ideology and Religion in French Literature. Essays in honour of Brian Juden (éd. Harry Cockerham et Esther Ehrman) (Camberley, Porphyrogenitus, 1989), 95–109.

CORADO, Lydie, 'Spirite, Carlotta et Allan Kardec', Annales de l'Université de Toulouse 20, 1973, 119–132.

CROUZET, Michel, 'Introduction: "Les Violettes de la mort"', in OF I, vii–cxxxi; 'Introduction: "L'évolution de l'œuvre fantastique"'; 'Le Hachisch'; 'Les Paradis artificiels de Gautier'; 'Gautier et le spiritisme', in OF II, vii–xxxi, xxxii–xxxvi, xxxvii–xl, 325–330 (Bordas, 'Classiques Garnier', 2 vol., 1992).

DAVID, Henri, 'Théophile Gautier: Le Pavillon sur l'eau. Sources et traitement', Modern Philology 13, 1915/16, 391–416.

DAVID-WEILL, Natalie, Rêve de pierre: la quête de la femme chez Théophile Gautier (Genève, Droz, 1989).

DECOTTIGNIES, Jean, 'À propos de La Morte amoureuse de Théophile Gautier: fiction et idéologie dans le récit fantastique', RHLF 72, 1972, 616–625.

DELPORTE, Michel, 'Théophile Gautier, spectateur et critique d'opéra à travers le feuilleton du Moniteur universel', BSTG 8, 1986, 71–83.

DILLINGHAM, Louise Bulkley, The Creative Imagination of Théophile Gautier (Princeton, Psychological Review Company, 1927).

DINEEN, Roy, La Technique romanesque de Théophile Gautier (Thèse, Montpellier, 1968).

DÖRING, Ulrich, Reisen ans Ende der Kultur. Wahrnehmung und Sinnlichkeit in der phantastischen Literatur (Frankfurt, Lang, 1987).

DU CAMP, Maxime, Théophile Gautier, cinquième édition (Hachette, 'Les Grands Écrivains français', s.d.).

DUMOULIE, Camille, 'Spirite: de l'allégorie du désir à la métaphore de l'écriture', BSTG 14, 1992, 7–24.

EIGELDINGER, Marc, Mythologie et intertextualité (Genève, Slatkine, 1987).

FISHER, Dominique D., 'À propos du mauvais œil ou les imprésentables rais de la mort', *BSTG* 17, 1995, 95–108.

FRYČER, J, 'Mauvais yeux — regard frénétique', in *Le Romantisme frénétique* (Wien, Institut für Romanistik, 1993).

GANN, Andrew, 'La Genèse de *La Péri*', in *Théophile Gautier, l'Art et l'artiste* (Montpellier, 1983), t. I, 207–220.

―――――, 'La musique, élément structurant dans les récits fantastiques de Gautier', *BSTG* 6, 1984, 73–82.

GODFREY, Sima, 'Mummy dearest: cryptic codes in Gautier's *Le Pied de momie*', *Romanic Review* 75, 1984, 302–311.

GORDON, Rae Beth, 'Encadrer la tapisserie amoureuse', *BSTG* 7, 1985, 135–150.

GRASSO, Luciana, 'La fantaisie pompéienne de Théophile Gautier: *Arria Marcella*', *BSTG* 6, 1984, 93–108.

JASINSKI, René, *Les Années romantiques de Théophile Gautier* (Vuibert, 1929).

―――――, *À travers le XIXe siècle* (Minard, 1975).

JATON, Anne-Marie, *Le Vésuve et la Sirène: le mythe de Naples de Madame de Staël à Nerval* (Pisa, Pacine, 1988).

KARS, Henk, 'Le Sein, le Char et la Herse. Description, fantastique et métadiscours dans un récit de Théophile Gautier', *CRIN* 13, 1985/86, 86–109.

LASZLO, Pierre, 'Que la fête recommence!', *Stanford French Review* 9, 1985, 47–59.

LAUBRIET, Pierre, 'Un informateur de Gautier: François Mazois', in *Mélanges d'histoire et de critique littéraire offerts à Pierre Jourda* (Nizet, 1970), 343–358.

LEFEBVRE, Anne-Marie, '*Spirite*' *de Théophile Gautier, étude historique et littéraire* (Thèse de troisième cycle) (Sorbonne, 1978).

―――――, '*Spirite* à la lumière de l'Orient', *BSTG* 12, 1990, 233–250.

―――――, 'Théophile Gautier et les spirites et illuminés de son temps', *BSTG* 15, 1993, 291–322.

LOWRIE, Joyce O., 'The Question of mimesis in Gautier's *contes fantastiques*', *Nineteenth-Century French Studies* 8, 1979/80, 14–29.

LUND, Hans Peter, 'Contes pour l'art. La métaphorique picturale et théâtrale chez Gautier', *Revue romane* 18, 1983, 240–265.

LYONS, Margaret, 'Judith Gautier and the Sœurs de Notre-Dame de la Miséricorde: A comment on *Spirite*', in *Literature and Society. Studies presented to R.J. North* (University of Birmingham, 1980), 56–65.

MATORÉ, Georges, *Le Vocabulaire et la société sous Louis-Philippe* (Genève, Slatkine Reprints, 1967).

MOLINA-RUEDA, Josefa, 'L'isolement métaphysique de Gautier à travers la coordonnée spatiale de *Jettatura*', *BSTG* 15, 1993, 171–189.

MONTANDON, Alain, 'Amours fantastiques', *Littératures*, 1992, 131–142.

—————————, 'Gautier et Balzac. À propos de *La Morte amoureuse*', *BSTG* 15, 1993, 263–286.

MOULINOUX, Nicole, '*La Morte amoureuse*, ou la mise à mort du fantastique', in *Eros* (XIe congrès du CERLI) (Université de Provence, 1991), 37–41.

NELSON, Hilda, 'Théophile Gautier: The Invisible and Impalpable World: *A Demi-Conviction*', *French Review* 45, 1972, 819–830.

NOLTING-HAUFF, Ilse, 'Die fantastische Erzählung als Transformation religiöser Erzählgattungen (am Beispiel von Th. Gautier, *La Morte amoureuse*)', in *Romantik. Aufbruch zur Moderne* (München, Wilhelm Fink Verlag, 1991), 73–100.

PAYR, Bernhard, *Théophile Gautier und E.T.A. Hoffmann* (Berlin, Ebering, 1932).

PASI, Carlo, *Il sogno della materia. Saggio su Gautier* (Roma, Bulzoni, 1972).

—————————, *Théophile Gautier o il fantastico volontario* (Roma, Bulzoni, 1974).

—————————, 'Le fantastique archéologique de Gautier', *BSTG* 6, 1984, 83–92.

PELCKMANS, Paul, 'Inconscience ou apothéose? Une lecture de *Jettatura*', *BSTG* 3, 1981, 27–47.

PONNAU, Gwenhaël, 'Des mortes amoureuses à *Spirite*: la sublimation du fantasme', *Op.cit. Littératures française et comparée*, i, 1992, 223–234.

POULAIN, Louis, 'Traces de l'influence allemande dans l'œuvre de Théophile Gautier', *Bericht der Realschule zu Basel*, 1913/14, 37–70.

POULET, Georges, *Études sur le temps humain* (Plon, 1950).

———, *Trois essais de mythologie romantique* (José Corti, 1966).

PULEIO, Maria Teresa, *Le Bal masqué: saggio sulla narrativa di Théophile Gautier* (Catania, C.U.E.C.M., 1988).

RICHER, Jean, *Études et recherches sur Théophile Gautier prosateur* (Nizet, 1981).

RIFFATERRE, Hermine, 'Love-in-Death: Gautier's "morte amoureuse"', *New York Literary Forum* 4, 1980, 65–74.

RIZZA, Cecilia, 'Les formes de l'imaginaire dans les contes fantastiques de Théophile Gautier', *BSTG* 10, 1988, 1–16.

SAVALLE, Joseph, *Travestis, métamorphoses, dédoublements. Essai sur l'œuvre romanesque de Théophile Gautier* (Minard, 1981).

SCHAEFFER, Gérald, 'Nerval et Gautier' in *Espace et temps chez George Sand* (Neuchâtel, À la Baconnière, 1981), 117–140.

SCHAPIRA, Marie-Claude, 'Théophile Gautier, l'Orient et *Le Gastronome*', *RHLF* 68, 1968, 815–828.

———, 'Le thème du mort-vivant dans l'œuvre en prose', *Europe* 57, N° 601, mai 1979, 41–49.

———, *Le Regard de Narcisse. Romans et nouvelles de Théophile Gautier* (Presses universitaires de Lyon, 1984).

———, 'La Musique comme moyen d'accès à l'extra-monde', *BSTG* 8, 1986, 51–69.

———, 'L'imaginaire des profondeurs dans *Mademoiselle Dafné*', *BSTG* 10, 1988, 45–60.

SENNINGER, Claude-Marie, '*Spirite* et *Mademoiselle Dafné*, sa diabolique antithèse', *BSTG* 16, 1994, 97–114.

SIEBERS, Tobin, *The Mirror of Medusa* (University of California Press, 1983).

SMITH, Albert B., *Théophile Gautier and the fantastic* (University of Mississippi, 'Romance Monographs', 23, 1977).

———, *Ideal and Reality in the Fictional Narratives of Théophile Gautier* (University of Florida Monographs, 1969).

SPICHER, Anne, 'La Mille et deuxième nuit' de Gautier, *L'École des lettres* 86, 1994 (15 septembre), 43–55.

———, 'Les fonctions de la description dans *La Morte amoureuse*', *L'École des lettres* 86, 1994 (1er octobre), 49–63.

—————, 'Les figures féminines', *L'École des lettres* 86, 1994 1er novembre), 33–42.

ŠRÁMEK, Jiří, 'Les "Mortes amoureuses" de Théophile Gautier', *Études romanes de Brno* 22, 1992, 9–18.

STEINMETZ, Jean-Luc, 'Gautier, Jensen et Freud', in *Le Champ d'écoute* (Neuchâtel, À la Baconnière, 1985), 45–56.

TORTONESE, Paolo, *La Vie extérieure. Essai sur l'œuvre narrative de Théophile Gautier* (Minard, 'Archives des lettres modernes', 252, 1992).

VAN DER TUIN, H., *L'Évolution psychologique, esthétique et littéraire de Théophile Gautier. Étude de caractérologie littéraire* (Amsterdam, N.V.Holdert, 1933).

VELTHUIS, Henriette, *Théophile Gautier. L'homme — l'artiste* (Groningen, 1924).

VOISIN, Marcel, *Le Soleil et la nuit. L'Imaginaire dans l'œuvre de Théophile Gautier* (Éditions de l'Université de Bruxelles, 1981).

WAHL WILLIS, Pauline, '*Armance* de Stendhal et *Spirite* de Gautier', in *Stendhal et le romantisme* (Arau, Éditions du Grand Chêne, 1984), 113–123.

WHYTE, Peter, 'Deux emprunts de Gautier à Washington Irving', *RLC* 38, 1964, 572–577.

—————, 'Gérard de Nerval, inspirateur d'un conte de Gautier: *Deux Acteurs pour un rôle*', *RLC* 40, 1966, 474–478.

—————, 'La référence artistique comme procédé littéraire dans quelques romans et contes de Gautier', in *Théophile Gautier, l'Art et l'artiste* (Montpellier, 1983), t. II, 281–295.

—————, 'Du mode narratif dans les récits fantastiques de Gautier', *BSTG* 6, 1984, 1–19.

—————, 'Autour du *Nid de rossignols* et de la conception romantique du musicien', *BSTG* 8, 1986, 25–34.

—————, 'Gautier, Nerval et la hantise du Doppelgänger', *BSTG* 10, 1988, 17–31.

—————, 'Théophile Gautier and the Romantic perception of Greece', in *The Classical Heritage* (éd. R.G. Maber) (University of Durham, 1989).

WHYTE, Peter & SCHAPIRA, Marie-Claude, *Correspondance* [à propos de l'attribution de quelques contes à Théophile Gautier], *RHLF* 70, 1970, 349–351.

ZIEGLER, Robert E., 'Writing in the hand of light: the production and experience of art in Gautier's *Spirite*', *Chimères* 18, 1983, 4–18.

TABLE DES MATIÈRES

Avertissement   v

Note sur les éditions utilisées   vi

Abréviations   vii

I. Le fantastique selon Théophile Gautier   1

II. Grotesque, sublime et ironie romantique (1830–1836)   8

Cauchemar d'un mangeur (1830)
La Cafetière (1831)
Onuphrius (1832)
Albertus (1832)
Le Nid de rossignols (1833)
Omphale (1834)
La Morte amoureuse (1836)

III. Les Paradis artificiels (1838–1846)   40

La Pipe d'opium (1838)
Le Club des hachichins (1846)

IV. Pastiche et exotisme (1839–1849)   47

L'Âme de la maison (1839)
Le Chevalier double (1840)
Le Pied de momie (1840)
Deux Acteurs pour un rôle (1841)
La Mille et deuxième nuit (1842)
Une Visite nocturne (1843)
L'Oreiller d'une jeune fille (1845)
Le Pavillon sur l'eau (1846)
L'Enfant aux souliers de pain (1849)

V. Idéologie et archéologie (1852-1857) 71

    Arria Marcella (1852)
    Le Roman de la momie (1857)

VI. Sorcellerie et psychiatrie (1856) 83

    Avatar (1856)
    Jettatura (1856)

VII. Désir sublimé, désir parodié (1865-1866) 100

    Spirite (1865)
    Mademoiselle Dafné (1866)

VIII. Motifs récurrents et continuité thématique 115

Notes 120

Bibliographie 149

Table des matières 165

DURHAM MODERN LANGUAGES SERIES

French

FM1	Richard D. Burton, *The Context of Baudelaire's 'Le Cygne'*. 1980, 102 pp. ISBN 0 907310 01 X. £4.95
FM2	R.J. Howells, *Pierre Jurieu: Antinomian Radical*. 1983, 90 pp. ISBN 0 907310 04 4. £4.95
FT1	Malherbe, Théophile de Viau, and Saint-Amant, *A Selection*. R.G. Maber (ed.), 1983, repr. 1985, 1987; second edition revised, 1991, 132 pp. ISBN 0 907310 08 7. £3.95
FM3	James S. Munro, *Mademoiselle de Scudéry and the 'Carte de Tendre'*. 1986, 97 pp. ISBN 0 907310 12 5. £4.95
FT2	Michel-Jean Sedaine, *Le Philosophe sans le savoir*. Graham E. Rodmell (ed.), 1987, 122 pp. ISBN 0 907310 15 X. £4.95
FM4	David Hillery, *Verlaine: Fixing an Image*. 1988, 105 pp. ISBN 0 907310 18 4. £4.95
FT3	Molière, *Dépit amoureux*. Noël Peacock (ed.), 1990, 150 pp. ISBN 0 907310 20 6. £4.95
FM5	H. Gaston Hall, *Molière's 'Le Bourgeois Gentilhomme': Context and Stagecraft*. 1990, 98 pp. ISBN 0 907310 21 4. £4.95
FM6	Anthony Cheal Pugh (ed.), *France 1940: Literary and Historical Reactions to Defeat*. 1992, 133 pp. ISBN 0 907310 23 0. £6.95
FM7	David Hillery, *Lamartine: The 'Méditations Poétiques'*. 1993, 132 pp. ISBN 1 870530 55 1. £6.95
FM8	Nichola Anne Haxell, *Reflections of the Revolution: Poetry and Prose for the Second French Republic*. 1993, 147 pp. ISBN 0 907310 24 9. £7.95

FT4	La Mothe Le Vayer, *'Lettre sur la Comédie de L'Imposteur'*. Robert Mc Bride (ed.), 1994, 170 pp. ISBN 0 907310 25 7. £8.95
FM9	Christopher Lloyd and Robert Lethbridge (ed.), *Maupassant conteur et romancier*. 1994, 201 pp. ISBN 0 907310 26 5. £9.95
FM10	Richard Maber (ed.), *Nouveaux Mondes: from the Twelfth to the Twentieth Century*. 1994. 149 pp. ISBN 0 907310 27 3. £7.95
FM11	Richard Burton, *Le Flâneur*, 1994. 80pp. ISBN 0907310 28 1. £5.50
FM12	Henry Phillips, *Racine: Language and Theatre*, 1994. 157pp. ISBN 0907310 29 X. £8.95
FM13	Paul Andrew Tipper, *The Dream Machine: Avian Imagery in 'Madame Bovary'*. 1994. 35pp. ISBN 0907310 30 3. £2.95.
FM14	Christopher Lloyd (ed.), *Epidemics and Sickness in French Literature and Culture*. 1995. 199pp. ISBN 0907310 31 1. £8.95.
FM15	Christopher Lloyd, *Mirbeau's Fictions*. 1996. 118pp. ISBN 0 907310 35 4. £8.95.

German

GT1	Hans Sachs, *Selections*. Mary Beare (ed.), 1983, 242 pp. ISBN 0 907310 06 0. £3.50
GM1	Howard Gaskill, *Hölderlin's 'Hyperion'*. 1984, 68 pp. ISBN 0 907310 07 9. £4.95
GM2	Patrick Bridgwater, *The Poet as Hero and Clown: A Study of Heym and Lichtenstein*. 1986, 82 pp. ISBN 0 907310 13 3. £4.95
GM3	Patrick Bridgwater, *George Moore and German Pessimism*. 1988, 81 pp. ISBN 0 907310 17 6. £4.95

GM4	Mark G. Ward, *Laughter, Comedy and Aesthetics: Kleist's 'Der zerbrochne Krug'*. 1989, 87 pp. ISBN 0 907310 22 2. £4.95
GM5	Neil Thomas, *Reading the Nibelungenlied*. 1995, 119 pp. ISBN 0 907310 32 X. £7.95
GM6	Neil Thomas and Françoise Le Saux, *Myth and its Legacy in European Literature*. 1996, 169 pp. ISBN 0 907310 33 8. £8.95

Hispanic

HM1	R.P. Calcraft, *The Sonnets of Luis de Góngora*. 1980, 127 pp. ISBN 0 907310 00 1. £4.95
HM2	Keith Whinnom, *La Poesia amatoria de la época de los Reyes Católicos*. 1981, 112 pp. ISBN 0 90731002 8. £4.95
HM3	H. Ramsden, *Pío Baroja: 'La busca' 1903 to 'La busca' 1904*. 1982, 90 pp. ISBN 0 907310 05 2. £4.95
HM4	Jack M. Flint, *The Prose Works of Roberto Arlt*. 1985, 96 pp. ISBN 0 907310 09 5. £4.95
HT1	Carlos Fuentes, *Aura*. Peter Standish (ed.), 1986, 53 pp. ISBN 0 907310 10 9. £3.95
HM5	John Crosbie, *A lo divino Lyric Poetry: An Alternative View*. 1989, 92 pp. ISBN 0 907310 19 2. £4.95

Slavonic

SM1	Terence Wade, *Prepositions in Modern Russian*. 1983, repr. 1984, 136 pp. ISBN 0 907310 03 6. £3.95
ST1	V.V. Mayakovsky, *Klop*. Robert Russell (ed.), 1985, 127 pp. ISBN 0 907310 11 7. £3.95
ST2	V.F. Odoyevsky, *Pyostryye skazki*. Neil Cornwell (ed.), 1988, 98 pp. ISBN 0 907310 14 1. £4.95
ST3	Aleksandr Blok, *The Twelve*. Avril Pyman (ed.), 1989, viii + 136 pp. ISBN 0 907310 16 8. £4.95

Further titles in preparation.

All titles may be ordered direct from:
The General Editor,   Tel: 0191 374 2744
Durham Modern Languages Series,   Fax: 0191 374 2716
Elvet Riverside, New Elvet,
Durham DH1 3JT

Lightning Source UK Ltd.
Milton Keynes UK
UKOW040201201012

200878UK00002B/14/P